MERIAN *live!*

W0056458

HEILBRONN

Françoise Hauser hat als »Zugezogene« Heilbronn erkundet und ihr Herz für die Neckarstadt entdeckt. Die Reisejournalistin hat zahlreiche Reiseführer und Bücher geschrieben (www.asientext.de).

👪 Familientipps   📷 FotoTipp

♿ Barrierefreie Unterkünfte   📖 Faltkarte

🍃 Umweltbewusst Reisen

Preise für ein Doppelzimmer
mit Frühstück:

€€€ ab 130 €   €€ ab 90 €
€ bis 90 €

Preise für ein dreigängiges Menü
ohne Getränke:

€€€€ ab 60 €   €€€ ab 40 €
€€ ab 20 €   € bis 20 €

INHALT

◄ Der goldene Hase des Bildhauers Heinrich Brummack angelt auf der Friedrich-Ebert-Brücke (► S. 68) die dicken Fische.

Unterwegs in Heilbronn   54

Spaziergänge und Ausflüge   92

Wissenswertes über Heilbronn   110

Karten und Pläne

Willkommen in Heilbronn

Die Stadt am Neckar ist nicht nur für ihren Wein und gute Küche bekannt, sondern auch ein wachsender Hochschulstandort – und der Austragungsort der BUGA 2019.

»Deutschland ist im Sommer der Gipfel der Schönheit, aber niemand hat das höchste Ausmaß dieser sanften und friedvollen Schönheit begriffen, wirklich wahrgenommen und genossen, der nicht auf einem Floß den Neckar hinabgefahren ist«, schrieb Mark Twain 1879 in seinem Buch »Bummel durch Europa«, nachdem er sich recht abenteuerlich auf einem Floß von Heilbronn nach Heidelberg treiben ließ. Und recht hat er, denn es ist kein Zufall, dass der Neckar in Heilbronn eine zentrale Rolle spielt. Sein Name mag auf Keltisch der »Wilde« bedeuten, in Heilbronn hat er etwas zutiefst Erholsames. Wie ein grünes Band windet er sich durch die Stadt, ist Orientierung und Naherholung zugleich – und natürlich so etwas wie ein kulinarischer roter Faden, an dem man sich entlanghangeln kann. Mit dem Gastro-Viertel Neckarmeile hat ihm die Stadt vor einigen Jahren daher auch ein Denkmal gesetzt. Hafenstadt ist Heilbronn ja sowieso, obwohl dies manch einen Besucher erst mal stutzen lässt: Die »kleine Großstadt« besitzt immerhin Deutschlands zehntgrößten Hafen, denn seit Jahrhunderten ist der Neckar ein wichtiger Handelsweg.

Aber auch abseits des Flusses ist Heilbronn keineswegs eine hektische Stadt. Mitten im Grünen gele-

◀ Entspannte Abendstimmung auf dem Marktplatz vor dem Rathaus (▶ S. 74).

gen, lässt es sich hier in vielerlei Hinsicht gut aushalten. Die Zahlen sprechen dafür: Das durchschnittliche Familieneinkommen gehört zu den höchsten Deutschlands, gleichzeitig ist die Stadt nahezu schuldenfrei und schneidet auch noch in Sachen Bildung sehr gut ab.

Franken oder Schwaben?

Schade ist, dass noch so wenige Menschen davon wissen: Auch wenn der Name Heilbronn den meisten durchaus ein Begriff ist, verbinden die wenigsten Deutschen mit der Stadt ein konkretes Bild. Vielleicht liegt es daran, dass auch die Heilbronner die Vorzüge ihrer Heimatstadt eher ein wenig unter den Scheffel stellen. Und sie lässt sich nur schwer einer einzigen Region zuordnen: Heilbronn kann sich nicht so recht entscheiden, ob es nun zu Schwaben, Baden oder Franken gehört – oder vielleicht doch mit dem Unterland eine ganz eigene Region darstellt?

Fragt man die Bewohner selbst, erhält man höchst unterschiedliche Antworten. Interessant ist: Sowohl die Franken als auch die Schwaben gelten Fremden gegenüber als eher maulfaul – doch davon spürt man in Heilbronn nichts. Im Gegenteil: Hier ins Gespräch zu kommen ist überaus einfach, und wer sich als Fremder allzu offensichtlich verloren umschaut, dem springen Passanten häufig auch ungefragt bei.

Bunte Bildungslandschaft

Man muss dazusagen: Heilbronn hat sich in den letzten Jahren unglaublich verändert. Längst ist aus der alten Kaufmannsstadt ein Hochschulzentrum geworden: Mehr als 10 000 Studenten gibt es hier mittlerweile, mit steigender Tendenz. Einen weiteren wichtigen Impuls verleiht die Bundesgartenschau 2019, die der Stadt nicht nur eine Vielzahl neuer Grünflächen, sondern gleich ein ganzes neues Stadtviertel, das komplett nach ökologischen Prinzipien entworfen wurde, beschert.

Reiche Geschichte

Historisch ist Heilbronn ohnehin ein Schwergewicht: Die ehemalige Reichsstadt regierte sich fast 500 Jahre selbst und wusste auch die Zeichen der Industrialisierung schnell und mit Begeisterung zu nutzen. Gerade deshalb ist jedoch heute vom alten Heilbronn, zumindest im Zentrum, nicht mehr so viel übrig, wie man es sich wünschen würde. Als bedeutende Industriestadt und wichtiger Binnenhafen war sie im Zweiten Weltkrieg wiederholt Ziel amerikanischer Bombenangriffe. Mehr als drei Viertel der Altstadt wurden damals in Schutt und Asche gelegt.

Innovationskraft und auch ein gewisser Eigensinn machen aber auch heute noch den Charme der Stadt aus. Wiederholt musste sie sich in der Geschichte neu erfinden, beispielsweise als die Reichsstadt dem Königreich Württemberg zugeschlagen wurde – ausgerechnet dem alten Widersacher! –, und hat dies auch in der Moderne wiederholt getan. Zuletzt als Ökostadt, wie die Bundesgartenschau zeigt. Eines ist jedoch immer gleichgeblieben: Idyllisch mitten in Deutschlands größtem Rotweinanbaugebiet gelegen, ist Heilbronn die Stadt des »Viertele« und der guten Küche. Darauf ist Verlass.

MERIAN TopTen

MERIAN zeigt Ihnen die Höhepunkte der Stadt: Das sollten Sie sich bei Ihrem Besuch in Heilbronn nicht entgehen lassen.

Die Kilianskirche und der Markt-platz samt Rathaus und Kunstuhr gehören unbedingt zu einem Bum-mel durch Heilbronn, genauso wie der Alte Friedhof und natürlich der Wartberg mit seiner wunderbaren Aussicht über die Stadt. Die Wald-heide im Osten des Zentrums ist nicht nur idyllisch grün, sondern in politischer Hinsicht ein span-nendes Ziel. Und die Neckarmeile lockt mit ihren mehr als 20 Res-taurants und Cafés zur Einkehr.

MERIAN TopTen 360°

Damit Sie sich vor Ort schneller orientieren können, finden Sie zu ausgewählten MERIAN TopTen auf den folgenden Seiten Umgebungs-karten mit Restaurant-, Einkaufs-empfehlungen und Tipps für wei-tere Sehenswürdigkeiten.

1 Neckarmeile
Genuss und Erholung direkt am Fluss (▸ S. 25).

2 Alter Friedhof
Auf dem einstigen Friedhof, heute ein Park, versammeln sich die Honoratioren der Stadt (▸ S. 57).

3 Käthchenstatue
Dem Käthchen von Heilbronn begegnet man auf Schritt und Tritt – hier sogar in Person (▸ S. 70).

4 Kilianskirche
Nicht nur das Innere der Renaissancekirche ist sehenswert, auch die Drolerien, die Mönche und Klerus verspotten (▸ S. 71).

5 Neckarbogen
Das neue Stadtviertel setzt Maßstäbe in Sachen E-Mobilität und Nachhaltigkeit (▸ S. 73).

6 Kunstuhr
Die über 400 Jahre alte Kunstuhr am Rathaus ist ein wahres Meisterwerk (▸ S. 74).

7 Waldheide
Das Naturschutzgebiet wurde in den 1980ern zur Wiege der deutschen Friedensbewegung (▸ S. 80).

8 Wartberg
Der Heilbronner Hausberg lockt mit herrlichem Blick über die Stadt und das Umland (▸ S. 81).

9 experimenta
Nicht nur für Kinder: Dieses interaktive Wissenschaftsmuseum gehört zu den besten seiner Art in ganz Europa (▸ S. 90).

10 Villenviertel
Die Villen der Familie Knorr und anderer Stadtgrößen liegen hier auf engstem Raum (▸ S. 96).

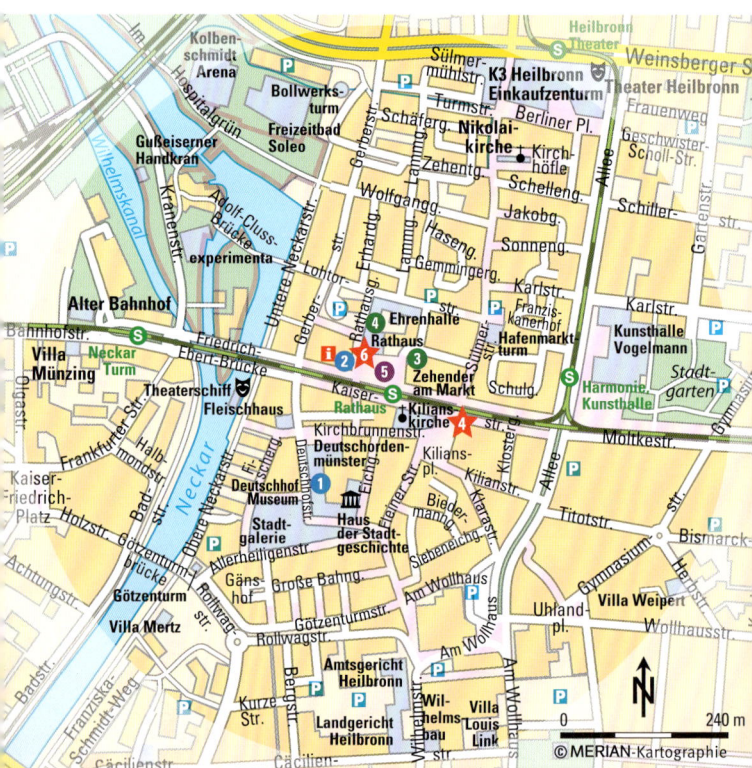

360° Rund um das Rathaus

MERIAN TopTen

4 Kilianskirche

Das Gebäude des Baumeisters Hans Schweiner war einst die erste Renaissancekirche nördlich der Alpen. Das »Männle« oben auf dem Turm gilt bis heute als das Wahrzeichen der Stadt (▸ S. 71).
Kaiserstr. 38

6 Astronomische Kunstuhr

Die 1579 entstandene Uhr aus der Werkstatt des Isaak Habrecht mit astronomischer und Mondphasenuhr ziert das Heilbronner Rathaus und ist seit mehr als 400 Jahren in Betrieb (▸ S. 74).
Marktplatz

SEHENSWERTES

1 Deutschhof

Nicht nur das Otto-Rettenmaier-Haus der Stadtgeschichte im Innenhof, sondern die gesamte Anlage des Deutschen Ordens aus dem 13. Jh. entführt den Besucher in die Vergangenheit (▸ S. 61).
Deutschhofstr. 6

Käthchenhaus

2 Wäre das »Käthchen von Heilbronn« eine reale Figur, hier hätte sie gewohnt, da sind sich die Heilbronner sicher (▸ S. 70).
Rathausgasse 5

ESSEN UND TRINKEN

Liberté

3 Kaffee und Snacks mit französischem Flair direkt am Marktplatz. Ideal, um einen Blick auf die Kunstuhr zu erhaschen (▸ S. 41).
Marktplatz 11

Ratskeller

4 Im Gewölbe des Rathauses gibt es heute gehobene schwäbische Küche – und manch einen Lokalpolitiker dazu (▸ S. 30).
Marktplatz 7

EINKAUFEN

Wochenmarkt

5 Dienstags, donnerstags und samstags findet hier ein gemütlicher Wochenmarkt mit Anbietern aus dem Umland statt (▸ S. 35).
Marktplatz vor dem Rathaus

© MERIAN-Kartographie

360° Am Fluss

MERIAN TopTen

1 Neckarmeile
Mehr als 20 Restaurants und Cafés auf 700 m Länge, und das direkt am Fluss – »des isch Schpitze im ganza Ländle!« würden die Schwaben sagen (▸ S. 25).

3 Käthchenstatue
Der bekanntesten Heilbronnerin haben die Bürger ein Denkmal gesetzt, auch wenn die Gestaltung nicht jeder mag (▸ S. 70).
Fischergasse

9 experimenta
Deutschlands größtes Science Center gehört zu den besten Europas. Die Lern- und Erlebniswelt in einem spektakulären Neubau aus Stahl und Glas begeistert mit einer Fülle von interaktiven Exponaten – nicht nur für Kinder ein Erlebnis (▸ S. 90)!

SEHENSWERTES

1 Wilhelmskanal
An der Inselspitze (Bild) teilt sich der Wilhelmskanal vom alten

Neckararm. Und doch hat er nach der Eröffnung 1821 die Wirtschaftsgeschichte der Stadt von heute auf morgen umgekrempelt (▸ S. 83). Westlich der Inselspitze

ESSEN UND TRINKEN

2 **Pfeffer Restaurant und Café**
In historischem Ambiente essen: Erst Schlachthof und Hochzeitshaus, beherbergt das Fleischhaus aus dem 17. Jh. heute ein angesagtes Restaurant (▸ S. 30). Kramstr. 1

EINKAUFEN

3 **experimenta-Shop**
Ernste Wissenschaft, schräge Gadgets: Dieser Shop hat schon manch einem aus der Geschenke-Patsche geholfen (▸ S. 37).

AM ABEND

4 **Theaterschiff**
Seit 1995 ankert hier die »Roanber« als erstes Theaterschiff Deutschlands und begeistert mit ihren Inszenierungen (▸ S. 45). Obere Neckarstr. 31

© MERIAN-Kartographie

360° Wartberg

8 Wartberg

Der Heilbronner Hausberg bietet selbst bei diesem Wetter eine herrliche Aussicht über die Stadt und das Heilbronner Land. Seine 313 m hohe Kuppe ist vom Wartbergturm, einem ehemaligen Wachturm, gekrönt. Auch Johann Wolfgang von Goethe begeisterte sich hier für die Region: Sein Ausspruch »Alles was man übersieht ist fruchtbar« ziert heute die Aussichtsplattform (▶ S. 81).

SEHENSWERTES

1 Meyle-Stein

Das kernige »Leck mich noch am Arsch« auf dem Meyle-Stein ist die unkonventionelle Rache eines städtischen Bauarbeiters (▶ S. 73).
Wartbergsteige, rechte Seite, von Süden kommend

2 Wengerthäuschen

Keines gleicht dem anderen, besonders schön ist das Tschernig'sche Häuschen (▶ S. 82).
Am Wartberg, Riedstr. 24

ESSEN UND TRINKEN

③ Wartberg Höhenrestaurant und Café

Schwäbische Regionalküche mit genialem Ausblick. Vor allem für jene, die den 313 m hohen Hausberg von Heilbronn zu Fuß erklommen haben (▸ S. 31).
Wartberg 1

④ Weinproben am Wartberg

Im Weinberghäusle am Wartberg können Besucher sonntags die Weine der Genossenschaftskellerei Heilbronn im Weinberg probieren (▸ MERIAN-Tipp, S. 35).
Erster Weinbergweg unterhalb des Waldes

EINKAUFEN

⑤ Weingut Fischer

Wein direkt vom Winzer, und das ausschließlich mit den eigenen Trauben. Logisch, dass man hier in der »Winzerlounge« die edlen Tropfen zu schwäbischer Küche auch probieren kann (▸ S. 32).
Kleiner Stiftsberg 2

MERIAN Tipps

Mit MERIAN mehr erleben. Nehmen Sie teil am Leben der Stadt und entdecken Sie die unbekannten Seiten von Heilbronn.

Hotel Park Villa F 5

Es ist nicht der großzügige Park oder der Koi-Teich und auch nicht die Architektur des Hauses aus dem Jahr 1912, die die Gäste bei der Ankunft überraschen – obwohl sie durchaus überzeugen und für sich ein Grund wären, in der Park Villa unterzukommen. Manch einer reibt sich verwundert die Augen, wenn die beiden zahmen Ge-

parden durch den Garten streifen. Historisch ist das Anwesen allemal interessant: 1912 errichteten die Architekten Maute und Moosbrugger für den Fabrikanten Ernst Mayer in der Gutenbergstraße ein Landhaus in einem großen Park. Nach dem Ende des letzten Krieges wurde es von den US-Streitkräften genutzt, dann von der Stadt Heilbronn als Klinik und Son-

derschule. 1983 wurde es von den heutigen Besitzern erworben, restauriert – und 1985 mit dem Denkmalschutzpreis ausgezeichnet.
Heilbronn-Ost • Gutenbergstr. 30 • Bus: Silcherplatz Ost • Tel. 9 57 00 • www. hotel-parkvilla.de • 25 Zimmer • €€€

Trappensee-Biergarten
 östl. H 4

Mit Blick auf den Trappensee lässt sich hier vor allem im Sommer vorzüglich entspannen. Gäste haben die Wahl zwischen diversen Anbietern, die im Stil eines Food-Courts rund um den Biergarten ihre Gerichte verkaufen: vom Thai bis zum Italiener und Burger-Brater. Herzallerliebst sind auch die zahmen Enten, die seelenruhig durch den Biergarten watscheln. Im Winter ist das Areal geschlossen.
Heilbronn-Ost • Jägerhausstr. 159 • S-Bahn/Bus: Trappensee • Tel. 0163/6 64 86 19 • http://biergarten-trappensee.de, Mo–Do 11–24, Fr–Sa 11–1, So 10–24 Uhr • €–€€

Kaffeerösterei Hagen   E 2
Schon bevor man das Gebäude betritt, verrät der Duft die Rösterei. Seit 1934 wird bei Hagen Kaffee hergestellt. Der Standort hat im Lauf der Geschichte gewechselt – heute ist Hagen in einer ehemaligen Schuhfabrik zu finden – die Methode blieb jedoch stets gleich: Schön langsam röstet man den Kaffee, rund 15 Minuten bei maximal 200 °C. Bis zu 2000 kg Kaffee werden so am Tag veredelt, dabei kommen Bohnen aus mehr als 20 Ländern in die Röstpfanne. Teetrinker schauen hier übrigens auch gern vorbei, denn mit mehr als 140 Teesorten ist Hagen auch in dieser

Disziplin gut aufgestellt. Vor Ort glänzt das Hagen'sche Café mit einem guten Frühstücksangebot und Mittagstisch. Abends finden regelmäßig Aufführungen des Le Café Théâtre statt. In allen Fällen heißt es: unbedingt reservieren!

Heilbronn-Nord • Christophstr. 13 • S-Bahn: Sülmertor • Tel. 15 55 40 • www.hagenkaffee.de • Mo–Fr 8.30–18, Sa 8.30–16 Uhr

Wein-Villa   E 4
Knarzende Holzböden und eine Einrichtung wie im Wohnzimmer einer gehobenen Kaufmannsfamilie: In der klassizistischen Faißt'schen Villa gibt es nicht nur leckere regionale Küche in angenehmem Ambiente, sondern auch eine umfassende Weinkarte mit allem, was das Heilbronner Land zu bieten hat. Eine gepflegte Mittagskarte macht auch Gäste mit kleinerem Geldbeutel glücklich. Seit 2014 trägt die Wein-Villa die Auszeichnung »Haus der Baden-Württemberger Weine«. Hier kann man Wein zu Erzeugerpreisen kaufen.

Innenstadt • Cäcilienstr. 66 • Bus: Wollhaus • Tel. 67 67 12 • www.wein-villa.de • Di–Sa 11.30–14, 17.30–21.30 Uhr

 Wein beim Erzeuger kaufen

Heilbronn liegt inmitten des größten Rotweinanbaugebiets in Deutschland. Entsprechend groß ist die Zahl der Winzer, die in der Stadt ihre Produkte anbieten. Am besten lassen sich die lokalen Weine in den Besenwirtschaften oder diversen Weinproben testen, viele Winzer und Genossenschaften haben jedoch auch Verkaufsräume mit festen Öffnungszeiten, beispielsweise:
– Vinothek Heinrich • Wartberg • Riedstr. 23 • Bus: Paul-Göbel-Brücke • www.heinrich-wein.de • Mo–Fr 8–12, 13–18, Sa 8–13 Uhr
– Ökologisches Weingut Schäfer-Heinrich • Heilbronn-Ost • Letten 3 • S-Bahn/Bus: Trappensee • Mo–Do 17–19, Fr 13–19.30, Sa 9–18 Uhr

– Weinschatzkeller der Weingenossenschaft Heilbronn • Wartberg • Binswanger Str. 150 • Bus: Kirschgarten • www.wg-heilbronn.de • Mo–Fr 8.30–18, Sa 8.30–14, So 11–17 Uhr (Mai–Dez.)

City-Flohmarkt

Einmal im Jahr, meist Ende Mai, verwandelt sich die komplette Innenstadt in einen großen Amateur-Flohmarkt, und die Heilbronner bieten ihren gesammelten »Kram und Kruscht« an mehr als 200 Ständen an: altes Geschirr und Krüge, Kleidung, Postkarten, Bücher, Sammelobjekte und auch das eine oder andere Teil, das man sich wirklich erklären lassen muss. Zeitgleich sind natürlich auch die Geschäfte geöffnet – das ist Shopping total gepaart mit einem echten Sammlerparadies.
Sa Ende Mai 10–18 Uhr • Infos und Termine unter www.heilbronn-tourist.de, dann unter »Märkte«

Unilever Werksverkauf 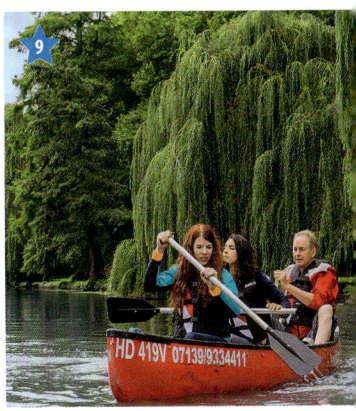 D 5

Der Name Knorr ist untrennbar mit Heilbronn verbunden. Da passt es gut, einen Blick in den Knorr-Werksverkauf zu werfen und gleich auch noch ein paar vergünstigte Tüten Gewürzmischung mitzunehmen, denn mit dem historischen Wissen isst es sich anders – versprochen!

Südstadt • Besigheimer Str. 22 • Bus: Besigheimerstraße • Mo–Fr 8.30–16.30 Uhr

Black Sheep Festival

Bonfeld ist ein ziemlich kleiner Ort – und wenn man ehrlich ist, er wäre kaum bekannt, hätte sich dort nicht 2012 die Black Sheep Kulturinitiative formiert, die seither einmal im Jahr im Juni das mehrtägige Black Sheep Festival im Bonfelder Schlosshof und noch einige andere kleinere Events veranstaltet. Unter den zahlreichen Bands sind nicht nur vielversprechende Newcomer, sondern auch echte Rock-Größen wie Saga, Mothers Finest oder Passenger fanden sich ein. Absolut lohnenswert!

www.blacksheep-kultur.de

Stadtführung per Kanu

  D 3–E 4

Selbst gestandene Heilbronner wundern sich auf dieser Führung, wie anders sich die Stadt vom Fluss aus präsentiert. Die dreistündige Tour »Urbanes Paddeln« startet am Götzenturm. Sie führt im Kanu entlang der Neckarpromenade durch die historische Handschleuse im Wilhelmskanal (die die Gäste selbst bedienen!) vorbei am BUGA-Gelände in Richtung Neckarsulm wieder zurück, viele klei-

ne Stopps inklusive. Die Tour ist von Mai bis Oktober ab zehn Teilnehmern buchbar, es gibt jedoch auch öffentliche Termine, die man bei der Tourist-Info erfragen kann.

100% Kanu+Bike • Buchungshotline: 56 22 70 • 40 €/Person

Spaziergang durch den Schilfsandsteinbruch

🔖 östl. H4

Das Naturschutzgebiet des Schilfsandsteinbruchs ist mehr als nur ein Stück idyllischer Natur. Über Jahrhunderte wurden hier die Steine für viele Bauten Europas produziert: Im Heidelberger Schloss wurde er verbaut, genauso wie in den Bahnhöfen von Amsterdam, Frankfurt und Mainz. Auch das Hoftheater von Wiesbaden und zahlreiche Verzierungen am Kölner Dom haben hier ihre Wurzeln – und natürlich eine Vielzahl von Heilbronner Bauten. Heute führt ein Rundweg durch den ehemaligen Steinbruch, der sich längst in ein idyllisches Feuchtbiotop verwandelt hat.

Heilbronn-Ost • Eingang an der Jägerhausstraße (K9550) • Bus: Jägerhaus

Stadt am Fluss: Der Neckar ist die Lebensader von Heilbronn. Auf der rechten Uferseite erkennt man die Altstadt mit den Türmen der Kilianskirche (▶ MERIAN TopTen, S. 71), dahinter den Wartberg.

Zu Gast in **Heilbronn**

In den letzten Jahren sind zahlreiche neue Restaurants und moderne Hotels entstanden. Gemütlichkeit bleibt dennoch typisch für die Stadt – wie in den vielen Weinstuben Heilbronns.

Übernachten

In Sachen Hotels und Übernachtungen hat sich in Heilbronn in den letzten Jahren viel getan. Vor allem für die Bundesgartenschau wurden gleich mehrere neue Unterkünfte geplant.

◄ In Flein genießt man im Hotel Wo der Hahn kräht (► S. 21) ländliche Idylle.

Die Heilbronner Hotellandschaft ist vor allem von Häusern der Mittelklasse geprägt, die meist im Innenstadtbereich liegen. Luxushotels der oberen Preisklasse sucht man bisher vergeblich, und auch internationale Ketten sind lediglich mit dem Hotel Mercure und Best Western vertreten. Doch das muss kein Nachteil sein: Gerade die kleinen, charmanten Unterkünfte, die häufig nur über wenige Zimmer verfügen, glänzen mit persönlichem Service und guter Restauration – und manchmal auch mit besonderen Extras.

Übernachten beim Winzer

Geschäftsreisende spielen für die Mittelklassehotels bisher meist noch eine große Rolle, das macht sich bei der Einrichtung bemerkbar. Funktionales Design ist häufig anzutreffen, Wasserkocher und Schreibtisch gehören in den meisten Fällen dazu. Wer lieber im Grünen nächtigt, wird im Umland der Stadt schnell fündig, denn viele Weinbauern und Restaurants in idyllischer Lage sind auch auf Feriengäste eingestellt.

Die Heilbronner Hotels sind über die gängigen Internetportale praktisch durchweg buchbar. Eine weitere Anlaufstelle für Unterkünfte und Ferienwohnungen ist die Touristeninformation (Tel. 56 22 70 oder www.heilbronn-marketing.de), die ebenfalls über umfangreiche Buchungsmöglichkeiten verfügt.

Preise für ein Doppelzimmer mit Frühstück:
€€€ ab 130 €   €€   ab 90 €
   €€   bis 90 €

HOTELS €€€

Harbr. Hotel 👫   📖 D 2

Brandneu • Dieses Hotel mit 127 Zimmern und 15 Suiten gehört zu den Neuzugängen und wurde im Januar 2019 eröffnet. Das Haus erhebt sich am Neckar in unmittelbarer Nähe zum Gelände der Bundesgartenschau, aber auch in Laufnähe vieler großer Betriebe, was vor allem Businessreisenden gefallen dürfte.
Heilbronn-Nord • Im Zukunftspark 12 • Bus: Zukunftspark • Tel. 0 71 41/ 9 12 4 50 • www.harbr.de • 127 Zimmer • ♿ • €€€

Insel-Hotel 👫   📖 E 4

Spitzenlage mit Swimmingpool • Mitten in der Stadt, am Neckar gelegen und in direkter Nachbarschaft zur experimenta bzw. dem Eingang zum BUGA-Gelände: In Sachen Location ist das Insel-Hotel unschlagbar. Das Vier-Sterne-Superior Haus bietet zudem Pool und Sauna.
Innenstadt • Willy-Mayer-Brücke • S-Bahn: Rathausplatz • Tel. 63 00 • www.insel-hotel.de • 125 Zimmer • ♿ • 🐾 • €€€

Parkhotel   📖 E 4

Zimmer mit Aussicht • Mitten im Zentrum, gleich neben der Harmonie, ist das Vier-Sterne-Superior-Hotel am Stadtgarten der neueste Zugang in der Hotellerie. Die Skybar im zehnten Stock lohnt sich nicht nur der Cocktails wegen: Der Blick über die Innenstadt ist grandios.
Innenstadt • Moltkestraße • S-Bahn: Harmonie • www.parkhotel-heilbronn.de • 173 Zimmer • ♿ • €€€

Wo der Hahn kräht 👫   📖 südl. E 6

Ländliches Flair • Das Gästehaus mit Blick über das Deinenbachtal liegt in

⭐ MERIAN Tipp

HOTEL PARK VILLA   📖 F 5

Im gediegenen Osten Heilbronns liegt die Park Villa. Das Hotel besticht nicht nur durch eine wunderbare Gartenanlage und eine ruhige Umgebung, auch die anderen Bewohner überraschen auf den ersten Blick: Zum Hotel gehören zwei zahme Geparden, die der Gast im Garten beobachten darf.   ▸ S. 14

Flein, direkt südlich von Heilbronn in ländlicher Umgebung. Schwäbisches Frühstücksbüfett und gehobenes Restaurant mit regionaler Küche. Bis ins Stadtzentrum sind es nur 5 km, und ab dem Rathaus Flein fährt auch ein Bus.
Flein • Altenbergweg 11 • Bus: Rathaus Flein • Tel. 50 81 66 • www.wo-der-hahn-kraeht.de • 41 Zimmer • ♿ • 🐾 • €€€

HOTELS €€
Besenwirtschaft Bauer 🍴
📖 südl. C 6

Schlafen im Besen • Moderne Zimmer mit Zugang zur Dachterrasse und – wie es sich für einen Besen gehört – eine Weinwirtschaft mit lokalen Weinen und den passenden Gerichten in familiärer Atmosphäre.
Sontheim • Spitzwegstr. 15/1-17 • Bus: Spitzwegstraße • Tel. 57 03 74 • www.bauer-weingut.com • 5 Zimmer, 20 ab Juli 2019 • €€

Best Western Hotel am Kastell
📖 C 3

200 m vom Neckar entfernt • In Laufnähe zu den Überresten des römischen Kastells gelegen und vor allem für Business-Reisende interes-

sant. Empfehlenswert ist auch das angeschlossene Juls Steak & Cocktail Restaurant. Bei schönem Wetter lässt es sich sehr schön auf der sonnigen Terrasse sitzen.
Böckingen • Kastellstraße 64 • Bus: Wilhelm-Leuschner-Straße Süd • Tel. 9 13 3 10 • www.plazahotels.de • 100 Zimmer • 🐾 • €€

Design-Hotel TraumRaum 🍴
📖 D 4

Individuell • Das familiengeführte Hotel direkt am Bahnhof besticht mit individuell eingerichteten Zimmern nach dem Vorbild bekannter Städte und Orte aus aller Welt. Das Frühstücksbüfett umfasst hausgemachte Marmeladen, während das stilvolle Restaurant Pearls and Diamond im Erdgeschoss regionale und internationale Spezialitäten serviert. Nachtschwärmer können auch zu vorgerückter Stunde in der hoteleigenen Bar einen Drink nehmen.
Innenstadt • Bahnhofstr. 31 • S-Bahn: Hauptbahnhof • Tel. 5 91 92 40 • www.hotel-traumraum.de • 21 Zimmer • 🐾 • €€

Hofcafé und Gästehaus Kurz 🍴
📖 südl. B 6

Unterkunft im Grünen • Mit lediglich vier Zimmern und einer Ferienwohnung definitiv eine sehr persönliche Adresse. Der Hof befindet sich am Rande von Sontheim südlich von Heilbronns Innenstadt in den Feldern und ist daher weniger für Nachtschwärmer als für Naturliebhaber geeignet. Gegen Gebühr stehen den Gästen zwei E-Bikes zur Verfügung, mit denen man sehr komfortabel die Weinberge hinaufgleiten kann.
Sontheim • Hüttenackerweg 10 • Bus: Hofgartenstraße (dann 20 Min.

Fußmarsch) • Tel. 50 65 50 • www.cafe undwein.de • 4 Zimmer • €€

Mercure Hotel 👭   📖 E 3
Retro-moderner Chic • Am nördlichen Ende der Innenstadt in Neckarnähe gelegen, direkt gegenüber der Sole-Badeanlage Soleo. Wie für die Mercure-Kette üblich, sind die vergleichsweise großen Zimmer in klarem Stil gehalten, angereichert mit einem Hauch Retro-Vintage.
Innenstadt • Platz am Bollwerksturm 2 • S-Bahn: Theater • Tel. 74 99 50 • www.mercure.com • 136 Zimmer • ♿ • 🐾 • €€€

Newton Hotel   📖 F 4
Hell und freundlich • Das frühere »Götz« ist schlicht und modern eingerichtet, teils sind die Zimmer mit Parkett ausgelegt. Das Hotel liegt am östlichen Rand der Innenstadt, bis zur Fußgängerzone sind es rund zehn Minuten zu Fuß. Neben den Standardzimmern gibt es auch eine Komfortvariante sowie Apartments, Familienzimmer und Suiten, dazu einen Fitnessraum plus Sauna mit Panoramablick auf die Stadt. Kostenfreies Highspeed-WLAN ist in allen Zimmern verfügbar, in der Lobby gibt es kostenlosen Kaffee. Die Zimmer sind mit Schreibtischen ausgestattet, Raucher entscheiden sich für die Zimmer mit Balkon.
Innenstadt • Moltkestr. 52 • S-Bahn: Friedensplatz • Tel. 98 90 • www.hotel-newton.de • 91 Zimmer • €€

HOTELS €
B & B Hotel 👭   📖 D 4
Funktional und freundlich • Das Hotel befindet sich in einem Wohngebiet nahe dem Hauptbahnhof und ist schlicht und farbenfroh gehalten.

Familien finden hier Zimmer mit bis zu vier Betten, und auch Raucher haben die Auswahl zwischen mehreren Zimmergrößen. Im Frühjahr 2018 wurde das Hotel renoviert.
Innenstadt • Mozartstr. 24 • S-Bahn: Hauptbahnhof • Tel. 7 49 60 • www.hotelbb.de/de/heilbronn • 95 Zimmer • 🐾 • €

Ibis City Hotel 👭   📖 D 4
Einfach und solide • Vom Ibis zur experimenta ist es ein Katzensprung, und auch der Hauptbahnhof liegt in

Das familiengeführte Design-Hotel TraumRaum (▶ S. 22) besticht mit Individualität und viel Liebe zum Detail.

Laufnähe. Praktisch: Dierekt vor der Haustür fährt der Sightseeing-Bus ab. Im Inneren herrschen die klaren, für Ibis typischen Linien vor.
Innenstadt • Bahnhofstr. 5 • S-Bahn: Neckar-Turm • Tel. 5 94 40 • www.ibis.com • 95 Zimmer • 🐾 • €

Essen und Trinken

Die Heilbronner Küche ist klar schwäbisch geprägt und eher deftig. Doch auch internationale Spezialitätenrestaurants verleihen der kulinarischen Szene Farbe und Raffinesse.

◄ Im Pier 58 (► S. 29) kommen elsässische Flammkuchen in allen erdenklichen Variationen auf den Tisch.

Auch wenn sich Heilbronn kulturell nicht immer entscheiden kann, ob es eher schwäbisch oder fränkisch sein möchte, kulinarisch gesehen lässt sich die Stadt leicht einordnen: Mit Maultaschen und Saitenwürstle, Spätzle mit Linsen und Schupfnudeln (Bubenspitzle) orientieren sich die Köche der Stadt eindeutig gen Süden. Hier und da finden sich auf der Speisekarte aber auch rätselhafte Gerichte wie das »Böckinger Feldgeschrei«: Der Eintopf aus Fleisch, Kartoffeln und Spätzle (um nur die wichtigsten Zutaten zu nennen) ist anderenorts auch als »Gaisburger Marsch« bekannt. Wer in einer einzigen Mahlzeit die wichtigsten Speisen kennenlernen will, greift zum »Heilbronner Leibgericht«: Mit Lendchen, Maultaschen, Pilzsoße, Bubenspitzle und Spätzle kombiniert dieses Gericht quasi alle Basics.

Zur herzhaft deftigen Küche, da sind sich die Heilbronner einig, passt unbedingt auch ein guter **Wein** – am besten ein lokaler Tropfen. Mit rund 500 ha Rebfläche ist Heilbronn immerhin eine der größten Weinbaugemeinden Deutschlands! Vor allem Trollinger und Schwarzriesling, Lemberger, Riesling und Kerner, also vorwiegend Rotweinsorten, werden hier seit dem 7. Jh. angebaut.

Schlemmen mit Anschluss

Besonders gut und günstig lässt sich die einheimische Küche samt »Viertele« in den zahlreichen »**Besen**« in und um Heilbronn probieren: Auf ihren Weingütern servieren die Winzer saisonal ihre eigenen Sorten und die passenden Speisen. Oft sind es nur einfache Brotzeitgerichte, hin und wieder aber auch regelrechte kulinarische Genüsse.

Der Name dieser kleinen Gaststätten stammt vom Reisigbesen, den die Winzer vor die Tür hängen, um anzuzeigen, dass geöffnet ist. Alt ist diese Tradition allemal, sie stammt aus dem 17. Jh. und ist bis heute bei den Heilbronnern sehr beliebt.

Manch einer von ihnen hat ob des immensen Gästeaufkommens längst eine Gaststättenkonzession beantragt, fällt also nicht mehr wirklich in diese Amateurkategorie, die Atmosphäre ist freilich geblieben: Wer hier einkehrt, kommt auf den engen Bänken zwangsläufig mit anderen Gästen ins Gespräch. Ob und wo ein Besen geöffnet ist, kann man im Besenkalender erfahren, etwa unter https://hn-besen.net/oder bei der »Heilbronner Stimme« unter www.stimme.de/service/besenkalender.

Der Wein-Höhepunkt des Jahres

Eine Gelegenheit, alle Weine der Region an einem Ort zu probieren – oder zumindest so viele, wie der Gast verträgt, bietet das **Heilbronner Weindorf**, das alljährlich im September rund um das Rathaus stattfindet. Elf Tage lang stellen Winzer der Region rund 360 Weine vor, meist wird in Zehntele-Gläsern serviert, damit es den Weinkenner nicht nach der zweiten Runde aus den Schuhen hebt.

Neben den lokalen Spezialitäten gibt es natürlich noch eine große Auswahl an internationaler Küche: Etliche Gaststätten zählt die Stadt, und die **Neckarmeile** ⭐ (https://neckarmeile.de) parallel zur Fußgängerzone im Oberzentrum ist mit ihren 20 Restaurants die größte Gastromeile am Fluss in Süddeutschland.

Preise für ein dreigängiges Menü:
€€€€   ab 60 €   €€€   ab 40 €
€€   ab 20 €   €   bis 20 €

ASIATISCH

Weinstube Braun   H 5
Thailand trifft Schwaben • Die kleine Weinstube mitten im Wohngebiet bietet eine thailändische und eine schwäbische Karte – und gilt als echter Geheimtipp. Eine schöne Kombination für Familien, die sich partout nicht auf eine Regionalküche einigen können und Freude an einer guten Weinauswahl haben. Es empfiehlt sich, zu reservieren.
Heilbronn-Ost • Einsteinstr. 50 • S-Bahn: Pfühlpark • Tel. 9 73 67 18 • www.brauns-weinstube.de • Di–Sa ab 17, So 11.45–14.30 und ab 17 Uhr • €€

My Sushi   E 3
Tolle Vorspeisen • Der Name täuscht, denn im My Sushi gibt es nicht nur japanische Spezialitäten. Im Angebot sind auch chinesische und thailändische Gerichte, darunter viele Vorspeisen-Häppchen. Empfehlenswert sind beispielsweise die Guotie-Teigtäschchen.
Innenstadt • Sülmerstr. 53 • S-Bahn: Theater • Tel. 5 98 68 88 • www.my-suhi-heilbronn.com • Mo–Sa 11.30–22.30 Uhr • €–€€

My Sapa   E 4
Ausflug nach Vietnam • Das Innere ist schlicht und die Speisekarte nicht übermäßig groß, dafür kommt jedoch eine authentische Küche mit frischen Kräutern auf den Teller, die auch Asienkenner begeistert. Vegeta-

rier und Veganer werden hier ebenfalls fündig. Besonders lecker sind die Kokos-Curry-Gerichte. In den Mittagsstunden sehr gut besucht!
Innenstadt • Kirchbrunnenstr. 17 • S-Bahn: Rathaus • Tel. 0176/34 35 97 82 • tgl. 11–22 Uhr • €

BIERGÄRTEN

Food Court   C 5
Mega-Auswahl im Grünen • Heilbronns ältester Biergarten liegt direkt am Neckar unter Schatten spendenden Bäumen. Wie im asiatischen Food Court kauft der Gast die Speisen in den verschiedenen Restaurants rund um den Sitzbereich. Schöne Kombination aus Essensständen und klassischem Biergarten.
Südstadt • Badstr. 100 • Bus: Theresienwiese • Tel. 62 91 80 • www.food-court.de • bei schönem Wetter Mo–Do 11–21, Fr–Sa 11–23, So 11–22 Uhr • €–€€

Kaffeebucht   D 5
Ausspannen am Wasser • Das kleine Kaffee mit Biergarten ist direkt am Fluss gelegen. Der Gast hat die Auswahl zwischen Biertischen und Strandliegen. Sehr entspannte Atmosphäre im Beach-Club-Stil. Für den Weg dorthin empfiehlt sich ein Spaziergang entlang des Neckars.

⭐ 2 MERIAN Tipp

TRAPPENSEE-BIERGARTEN   östl. H 4

Idyllisch am See sitzen, mit Blick auf das Trappenseeschlösschen und lecker eines der Food-Court-Gerichte essen, während die Enten an den Hosenbeinen zupfen – perfekt!   ▶ S. 15

Entspannung direkt am Neckarufer: Die Bierbänke und Liegestühle der Kaffeebucht (▶ S. 26) sind der perfekte Ort für eine kleine Auszeit vom Alltag.

Südstadt • Neckarhalde 8/1 • Bus: Besigheimer Straße • Tel. 2 11 50 56 • www.kaffeebucht.de • Mo–Do 15–24, Fr–So 11–24 Uhr • €

Licht-Luft-Bad 👤👤 🟥 östl. H 5

Durchatmen in der Natur • Nur wenige Minuten Fußmarsch von der Hauptstraße entfernt, wähnt man sich unter den großen Bäumen des Licht-Luft-Bads fernab der Stadt. Und ein bisschen stimmt das auch, denn das große Areal grenzt an das Naturschutzgebiet des Köpfertals. Gegen einen Obolus dürfen Grup-

pen und Familien hier auch selbst grillen, alle anderen bestellen von der Karte, die vor allem italienische und deutsche Gerichte führt. Heilbronn-Ost • Im Hörnlis • S-Bahn/ Bus: Trappensee • Tel. 17 86 73 • www.lichtluftbad-hn.de • Di–So 1.30–22 Uhr • €

CAFÉS

s' Schümli 🟥 E 4

Sehen und gesehen werden • Das große und helle Café bestuhlt in den Sommermonaten auch auf der Fußgängerzone unter großen Sonnen-

⭐ MERIAN Tipp

KAFFEERÖSTEREI HAGEN 📖 E 2

Das selbst geröstete Kaffeeangebot ist genauso Kult wie das Frühstücksbüfett und das immense Teesortiment. Schon der Geruch des Kaffeehauses macht gute Laune! Abends finden zudem oft kulturelle Veranstaltungen statt.

▶ S. 15

schirmen. Ob drinnen oder draußen, hier ist immer was los – ein idealer Ort um bei einem Shopping-Boxenstopp mit Snacks und Kaffee einen Blick auf die Passanten der Sülmerstraße zu werfen.
Innenstadt • Sülmerstr. 9 • S-Bahn: Rathaus • Tel. 8 26 00 • www.schuemli.de • Mo–Fr 7–19.30, Sa 8–19.30, So 9–19 Uhr • €€

EISDIELEN

Eiscafé Primafila 📖 E 4

Eis als Handwerkskunst • Mango Chilli, Limette Basilikum, Lavendelblüteneis – die Eismanufaktur Primafila im Marrahaus direkt am Neckar besticht mit großer und wechselnder Vielfalt, je nach Saison. Beim zum Teil vegan und zu 100 Prozent laktosefrei zubereiteten Eis schmeckt man die Leidenschaft und Liebe zum Detail.
Innenstadt • Obere Neckarstr. 32 • S-Bahn: Rathaus • So–Do 12–22 Uhr, Fr, Sa 12–23 Uhr • €–€€

FRANZÖSISCH

Les Trois Sardines 📖 F 5

Wie bei Muttern in Frankreich • Heimelige Atmosphäre, handverlesene Gerichte und allerfeinste französische Küche in einem. Reservieren ist jedoch ein Muss, zumal das

Regionale Zutaten spielen eine gewichtige Rolle in der Heilbronner Gastronomie (▶ S. 25), das gilt auch für die elsässische Küche des Pier 58.

Restaurant nicht jeden Tag geöffnet hat. Also unbedingt vorher einen Blick auf die Webseite werfen!
Heilbronn Ost • Mönchseestr. 57 • Bus: Silcherplatz West • Tel. 99 37 99 • www.les-trois-sardines.de • flexible Öffnungszeiten • €€–€€€

Pier 58 E 4
Das Elsass ruft • In diesem Restaurant am Neckar dreht sich alles um Flammkuchen, die in tausendundeiner Variation angeboten werden. Jeden Monat gibt es neue jahreszeitengerechte Extras, im Winter wird auch Käsefondue angeboten.
Innenstadt • Untere Neckarstr. 10 • Tel. 5 94 58 15 • www.pier-58.de • €–€€

GEHOBENE KÜCHE
Bachmaier Restaurant E 3
Sterneküche mit familiärem Touch • Gerade einmal fünf Tische zählt das kleine, mit dem Michelin Bib Gourmand ausgezeichnete Restaurant, in den Sommermonaten wird auf der Terrasse serviert. Mittags und am Abend stehen je drei Menüs mit saisonalen Kreationen zur Auswahl.
Innenstadt • Untere Neckarstr. 40 • S-Bahn: Rathaus • Tel. 6 42 05 60 • www.restaurant-bachmaier.de • Mi–Fr 12–14.30, Di–Sa ab 18.30 Uhr • mittags €€, abends €€€

Rebstock La petite Provence B 5
Persönlicher Service • Hier steht der vielfach prämierte Koch Dominique Champroux am Herd und bereitet höchstpersönlich Allerfeinstes aus Frankreich zu. Vom Guide Michelin und Gault-Millau ausgezeichnet. Sehr persönlicher Service!
Böckingen • Eppinger Str. 43 • Bus: Friedrichstraße West • Tel. 4 05 43 51 •

www.rebstock-provence.de • Mi–Sa ab 18.30, letzte Bestellung 20 Uhr • €€€

GRIECHISCH
Kutuki E 4
Beste Fisch-Küche • Das Restaurant liegt unauffällig und versteckt im Hinterhof, trotzdem sollte man unbedingt vorreservieren, denn das Kutuki gilt als griechischer Geheimtipp. Vor allem der Fisch vom Grill ist besonders zu empfehlen.
Innenstadt • Rollwaagstr. 4 • Bus: Wollhaus • Tel. 8 03 76 • http://kutuki-heilbronn.xregional.de • Di–So 17.30–23 Uhr • €€

Mythos D 4
Modernes Griechenland • Ein Grieche mit luftigem Ambiente und ohne Nippes oder nachgemachte Amphoren an den Wänden. Auch die Speisekarte präsentiert sich mit modern interpretierten Speisen, gleichzeitig kommen aber auch die griechischen Klassiker auf den Tisch.
Innenstadt • Kaiser-Friedrich-Platz 9 • S-Bahn: Hauptbahnhof oder Neckarturm • Tel. 8 96 60 • http://mythos.rest • tgl. 11–14.30, 17–22 Uhr • €€

INTERNATIONAL
Warsteiner Stuben E 3
Deftiges für Fleischliebhaber • Das kleine Restaurant brutzelt nicht nur Steak-Spezialitäten, sondern auch allerhand andere deftige Gerichte, dies allerdings in sehr guter Qualität. Mittags gibt es eine preisgünstige Mittagskarte. Auch hier sollte man unbedingt reservieren, denn die Sitzplätze sind knapp.
Innenstadt • Allee 59 • S-Bahn: Harmonie • Tel. 96 21 04 • http://war

steinerstuben.info • Mo–Do 18–24,
Fr–So ab 17 Uhr • €€

Pfeffer Restaurant und Café   📖 E 4
Lecker und historisch • Das Lokal
im schönen Renaissancegebäude des
Fleischhauses (S. 64) serviert regionale und internationale Gerichte und
vertreibt kulinarische Geschenke.
Besonders empfehlenswert: die täglich wechselnde Mittagskarte. Auch
tagsüber ist Pfeffer daher gut besucht. Das Holz der Tische im Inneren des Restaurants stammt übrigens
von den Platanen, die bei der Erneu-
erung der Allee weichen mussten.
Innenstadt • Kramstr. 1 • Tel. 3 90
09 97 • www.pfeffer-lebensmittel.de •
Mo–Fr 10–18, Sa 9–15 Uhr • €–€€

Nabatian Cantina   📖 E 2
Persisch in der Fabrik • Ein bisschen
deutsch, ein bisschen italienisch –
und zweimal die Woche gibt es auch
persische Hausmannskost. All das
serviert in der Halle der Innovations-
fabrik und zwar extrem günstig. Wer
Nabatian nicht nur mittags probieren will, findet in der Schlizstraße am
Pfühlpark das »Mutterrestaurant«
(https://nabatian.de).
Heilbronn-Nord • Weipertstr. 8–10 •
S-Bahn: Sülmer Tor • Tel. 7 90 71 79 •
www.nabatian-cantina-catering.de •
Mo–Fr 9–17 Uhr • €

ITALIENISCH
Magnifico da Umberto   📖 D 2
Italia mit Aussicht • Allerfeinste italienische Küche, die mit den üblichen Pizza-Spaghetti-Varianten nicht
mehr viel gemeinsam hat. Im zwölf-
ten Stock des WTZ-Gebäudes gelegen, bietet das Restaurant zudem
noch eine wunderbare Aussicht auf
Heilbronn und das BUGA-Gelände.

Heilbronn-Nord • Im Zukunftspark 10 •
Bus: Zukunftspark • Tel. 74 56 41 40 •
http://wtz-magnifico.de • Di–Sa 19–
23 Uhr • €€€€

La Vecchia Taverna   📖 D 4
Klassisch italienische Küche • Solide
Speisekarte, wie man sie von einem
Italiener erwartet, mit knusprigen
Pizzen und leckeren Nudelgerichten.
Freundlicher Service.
Innenstadt • Weststr. 25 b • S-Bahn:
Hauptbahnhof • Tel. 8 62 41 • So–Fr
11–14, 17–24, Sa 17–24 Uhr • €€

REGIONALE SPEZIALITÄTEN
Ratskeller   📖 E 4
Historisches Ambiente • In den Ge-
wölben unter dem Rathaus, in denen
einst die Waren der vorüberziehen-
den Händler gelagert wurden, gibt es
heute gehobene schwäbische Küche
in gediegenem Ambiente – und
manch einen Lokalpolitiker dazu,
schließlich liegen die Rathaus-Büros
nur wenige Schritte entfernt. Im
Sommer wird auch auf dem Marktplatz aufgedeckt.
Innenstadt • Marktplatz 7 • Bus:
Rathaus • Tel. 8 46 28 • www.ratskel
ler-heilbronn.eu • Mo 17.30–22.30,
Di–Sa 11–22.30 Uhr • €€–€€€

🌿 **Heuchelberger Warte**   📖 westl. A 4
Genuss mit Weitblick • Tapfere
Wanderer werden oben auf dem
Heuchelberg nicht nur mit einem
genialen Ausblick über das Heilbronner Land rund um Leingarten
belohnt, sie dürfen auch Crossover-
Küche schlemmen. Die Speisekarte
bewegt sich zwischen solide schwäbisch und gewagt international, aber
immer lecker und mit regionalen
Biozutaten. Bei gutem Wetter unbedingt vorreservieren, egal ob im

Restaurant oder im Biergarten. Gäste, die nicht gut zu Fuß unterwegs sind, können sich vom »Heuchelberg-Hupfer« am Fuß des Berges abholen lassen. Die Besitzer haben dazu eigens ein antiquiertes Telefon am Parkplatz installieren lassen. Leingarten • Auf dem Heuchelberg 1 • S-Bahn: Leingarten oder Zug Nordheim (dann 1 Std. Fußweg) • Tel. 40 18 49 • www.heuchelberg.com • Di–Fr 12–22, Sa 12–23, So 11–22 Uhr • €€

Wartberg Höhenrestaurant und Café  G 1

Regional und lecker • Von der wunderbaren Aussicht einmal abgesehen ist das Restaurant auch für sich und im Dunkeln ein lohnenswertes Ziel. Serviert wird eine schwäbische Regionalküche für alle, die richtig Heilbronnerisch essen möchten.

★ MERIAN Tipp

WEIN-VILLA E 4

Gepflegt speisen mit den passenden lokalen Weinen kann man in der alten, stilvollen Villa mitten in der Stadt. Fast fühlt man sich ins 19. Jh. versetzt. Eine abwechslungsreiche Mittagskarte macht auch Reisende mit kleinerem Geldbeutel glücklich. ▸ S. 15

Wartberg 1 • Bus: Wartbergsteige (dann 15–20 Min. Fußweg) • Tel. 16 29 13 • www.restaurant-wartberg. de • tgl. 11–22 Uhr • €€

Backstüble F 4

Schlicht und lecker • Der Name ist ein wenig irreführend, denn hier kommen nicht Backwaren, sondern eine gutbürgerliche Küche mit ei-

Wunderbare Location für den Sundowner: Von der Heuchelberger Warte (▸ S. 30) blickt man bis zum Stuttgarter Fernsehturm und zum Heidelberger Königstuhl.

Ausgelassene Stimmung auf dem Weindorf Heilbronn (▸ S. 119). Im September kön-nen dann rund um das Rathaus etwa 360 regionale Weinprodukte verkostet werden.

nem schwäbischen Einschlag auf den Tisch. Das Ambiente der 1970er-Jahre muss man mögen – für viele Besucher ist die Kneipe auf alle Fälle Kult, dementsprechend hoch ist der Anteil an Stammgästen.
Innenstadt • Herbststr. 4 • Bus: Wollhaus • Tel. 5 94 47 85 • www. backstueble-hn.de • Sa–Do ab 15 Uhr, Fr ab 12 Uhr • €–€€

WEINSTUBEN UND BESENWIRT-SCHAFTEN

Bei vielen Weinstuben und Besen-wirtschaften sind die Öffnungszei-ten (wenn nicht angegeben) je nach Saison flexibel, manche öffnen nur einige Tage im Monat. Ein aktueller Blick auf die Internetseite lohnt sich.

Weingut Fischer   nördl. G 1
Innovativ • Auf diesem Weingut geht man ungewöhnliche Wege – bei-spielsweise mit Weinproben unter verschiedenen Lichteinflüssen, die zeigen, wie Farben das Geschmacks-empfinden beeinflussen. Natürlich kann man hier auch einfach nur Wein trinken und die schwäbische Küche probieren.
Wartberg • Kleiner Stiftsberg 2 • S-Bahn: Hans-Rießer-Straße (dann 20 Min. Fußweg) • Tel. 17 97 63 • https://weingut-fischer.de • €€

Weinstube Weingand   F 3
Frische, regionale Küche • Neben den Weinen des Weinguts Albrecht-Kiessling servieren die Pächter eine gehobene schwäbische Küche mit wechselnder Mittagskarte. Auch Ve-ganer und Vegetarier finden hier ga-rantiert immer einige Gerichte.
Innenstadt • Weinsbergerstr. 41 • Bus: Gartenstraße • Tel. 17 51 30 • www.weinstube-weingand.de •

Di–Fr, So 11–14 und ab 17.30, Sa ab
17.30 Uhr • €€

Besenwirtschaft Böckinger Besen

B 5

Die Chefin kocht selbst • Fast wie im
Wohnzimmer: Die kleine Besen-
wirtschaft ist rustikal eingerichtet
und verfügt nur über wenige Tische.
Zu den Weinen kommt eine leckere
Hausmannskost auf den Tisch.
Böckingen • Heuchelbergstr. 22 •
Bus: Seestraße West • Tel. 3 39 92 •
www.böckinger-besen.de • €–€€

Weinausschank Drautz-Hengerer

östl. H 4

Schön gelegen • In der Weinstube
werden die besten Trollinger, Ries-
linge und Burgunder des Weinguts
Drautz-Hengerer ausgeschenkt, das
sich seit Generationen in Familien-
besitz befindet. Ein schöner Anschluss für einen Spaziergang am
Trappensee oder durchs Köpfertal.
Heilbronn-Ost • Schirrmannstr. 13 •
S-Bahn/Bus: Trappensee • Tel.
17 24 79 • www.drautz-hengerer.de •
Mo–Fr 17.30–19, Sa 9–15 Uhr • €–€€

Weinbau & Brennerei Zaiß

südl. E 6

Eine echte Sommerfrische • Gemütliche Weinstube mit schattigem Garten. Wie der Name schon sagt, hier
wird nicht nur gekeltert, sondern
auch gebrannt, so listet die Speisekarte auch viele Liköre und Schnäpse.
Südstadt • Klinge 1 • Bus: Herbert-
Hoover-Straße • Tel. 57 50 40 • www.
weinbau-zaiss.de • €

Weinstube Karlheinz Drautz

C 1

Hier ist alles Bio • Neben den Bio-
weinen vom Ökoweingut werden

hier in rustikal-gemütlichem Ambiente typische Besengerichte aus der
hauseigenen Schlachtung angeboten, beispielsweise Kesselfleisch oder
Blut- und Leberwurst.
Neckargartach • Rainlesstr. 14 •
Bus: Im Fleischbeil • Tel. 6 40 08 41 •
www.weinstube-drautz.de • €

Nach der Weinlese im Herbst laufen
Heilbronns Besenwirtschaften (▶ S. 32)
zu wahrer Höchstform auf.

Zur Baumkelter

G 2

Alte Weine in jungen Händen • Die
Besenwirtschaft des Weinguts GA
Heinrich ist (wie die meisten Besen)
nicht rund ums Jahr geöffnet, die
restliche Zeit gibt es die breite Auswahl an lokalen Weinen in der Wein-
galerie im Gut nebenan.
Wartberg • Riedstraße 29 • Bus:
Schickhardtstraße (dann 15 Min.
Fußweg) • Tel. 17 59 48 • www.wein
gut-heinrich.de • €

Einkaufen

Rund 600 Geschäfte gibt es in der Kernstadt, aber auch Heilbronns Märkte sind unbedingt sehenswert. Vor allem, wenn es um lokale Weine geht, überzeugt die große Auswahl.

◄ Eine Heilbronner Institution: Bei Seifen-Reinhardt (▶ S. 37) stapeln sich über 5000 Produkte des täglichen Lebens.

Die **Fußgängerzone** Heilbronns erstreckt sich zwischen den beiden Polen Stadtgalerie und Kulturzentrum K3 über die Sülmer Straße und Fleiner Straße mit ihren Seitengassen. Vor dem Rathaus findet zudem dreimal wöchentlich ein gemütlicher **Wochenmarkt** statt. Auch wenn man sich als Besucher wahrscheinlich kein Gemüse als Andenken mitnimmt, ist dies eine schöne Gelegenheit, Heilbronner Spezialitäten frisch zu probieren und den Einheimischen quasi auf den Teller zu schauen.

Lange Einkaufsnächte locken regelmäßig mit besonders langen Öffnungszeiten, meist verbunden mit weiteren Attraktionen. Während des Heilbronner **Lichterzaubers** im März illuminieren bunte Lichtinstallationen die Fußgängerzone, dazu kommen verkaufsoffene Sonntage mit Musikaufführungen, etwa bei »Magie der Stimmen« oder »Jazz & Einkauf«. Genaue Informationen zu den verschiedenen Aktionen gibt es bei der Touristeninformation.

Unter der Woche schließen kleinere Geschäfte meist zwischen 18 und 19 Uhr, im Einkaufszentrum Stadtgalerie und größeren Geschäften kann man bis 20 Uhr shoppen.

Regelmäßig findet auf der Theresienwiese ein großer **Flohmarkt** statt, der diesen Namen noch verdient: Auch wenn hier und da professionelle Händler ihre Waren anbieten, ein großer Teil der Anbieter sind Privatleute, die oft aus dem Kofferraum heraus ihre Dinge verkaufen und manch ein Schnäppchen bieten. Für den Mai sollten sich Schatzsu-

cher den großen samstäglichen **City-Flohmarkt** vormerken, der sich über die gesamte Fußgängerzone und den Kiliansplatz erstreckt.

DELIKATESSEN UND LEBENSMITTEL

🌿 Bäckerei Eitel   📖 E 4

Früh am Morgen stehen die Kunden schon Schlange, und das ist beileibe kein Wunder: Die Bäckerei Eitel ist mehr als nur ein Brotlieferant, sondern das hippste, was man in Sachen Backwaren derzeit in Heilbronn finden kann. »Traditionelle Handwerkskunst mit einer guten Prise Revolution« nennen es die Eigentümer, die in der sechsten Generation das Bäckerhandwerk ausüben. Innenstadt • Kirchbrunnenstr. 37 • S-Bahn: Rathaus • www.bäckerei-eitel.de • Mo–Fr 8–18, Sa 8–14.30 Uhr

Café Roth   📖 E 4

Das Café am Rathaus kann nicht nur mit den üblichen Backwaren glänzen, auch Pralinen und Schokowaren aus der eigenen Manufaktur gibt es hier in großer Auswahl. Wem es schmeckt, der kann auch gleich noch

⭐ MERIAN Tipp

WEIN BEIM ERZEUGER KAUFEN

Heilbronn und sein Umland zählen Hunderte von Weinerzeugern, die zu großen Teilen ihre Produkte auch selbst verkaufen. Am besten verbindet man den Einkauf mit einer kleinen Verkostung im Besen. Wer weniger das Flair als die große Auswahl sucht, der ist bei den Genossenschaften, die ebenfalls Einkaufsmöglichkeiten bieten, gut aufgehoben.   ▶ S. 16

Hunderte Weinbauern haben sich zu Heilbronns Genossenschaftskellerei (▶ MERIAN Tipp, S. 35) zusammengeschlossen. Entsprechend vielfältig ist die Auswahl.

das passende Pralinenseminar dazu-buchen und selbst kreativ werden. Innenstadt • Lohtorstr. 41 • S-Bahn: Rathaus • www.das-roth.de • Mo–Fr 9–18.30, Sa 9–18, So 10–18 Uhr

Pfeffer Lebensmittel   E 4

Hübsch verpackte Tees, Gewürze und andere Delikatessen, die sich auch wunderbar als Geschenke eig-nen, gibt es bei Pfeffer. Vielleicht nach dem Mittagessen einfach mal einen Blick ins Innere werfen?
▶ Essen und Trinken, S. 30

🍃 Unikat   E 3

»Tee ohne alles« lautet der Slogan des kleinen Teeladens. Hier geht es vor allem um hochwertige Tees oh-ne Zusätze von Geschmacksstoffen oder Zucker. An zwei Tischen kann der potenzielle Käufer die Tees auch gleich vor Ort probieren – persönli-che Beratung und die dazu passende japanische Keramik inklusive. Innenstadt • Karlstr. 7 • S-Bahn: Harmonie • https://unikat-tee-ohne-alles.business.site • Di–Fr 9.30–18.30, Sa 9.30–14.30 Uhr

GESCHENKE UND SPIELZEUG

Lichtblick 📖 E 3

Der kleine Laden hat all den Nippes, Kram und die Deko-Artikel, die man nicht braucht, die aber richtig Spaß machen und sich wunderbar zum Verschenken eignen.

Innenstadt • Falkenstr. 2 • S-Bahn/ Bus: Rathaus • Mo–Fr 10–18.30, Sa 10–16 Uhr

HAUSHALTSWAREN

Seifen-Reinhardt 🍴🍷 📖 G 4

Den Seifen-Reinhardt einfach nur als Haushaltswarenladen zu bezeichnen, ist geradezu blasphemisch. Er ist Kult und für viele auch eine Kindheitserinnerung. Wo sonst bekäme man noch Einweckgläser in Hunderten von Formen? Oder Braiwische, Butterriemen und Erdbeerzupfzangen? Jaucheschöpfer, Krauthobel und Ofenrohre? Wenn es irgendwie mit Haushalt, Sauberkeit oder Gartenarbeit zu tun hat, dann hat es der Reinhardt, das Sortiment umfasst rund 5000 Artikel. Was zum Charme definitiv beiträgt, ist der verwirrende Grundriss: Drei Wohnhäuser wurden hier in einem Hinterhof auf verschiedenen Wegen miteinander verbunden, sodass man sich schwertut, den Weg durch das Labyrinth der Haushaltswaren zurückzufinden.

Heilbronn-Ost • Bismarckstr. 72/2 • S-Bahn: Finanzamt • www.seifenreinhardt.de • Mo–Fr 8.30–18, Sa 8.30–13 Uhr

KINDERSPIELZEUG

experimenta-Shop 🍴🍷 📖 E 4

Alles, was mit Wissenschaft und Spaß am Forschen zu tun hat, vom Prisma bis zu Bausätzen und allerhand Literatur. Schon das Stöbern und Ausprobieren macht einen Riesenspaß. Wer auf der verzweifelten Suche nach einem originellen Geschenk ist, der wird hier garantiert fündig.

Innenstadt • Kranenstr. 14 (im experimenta Science Center) • S-Bahn: Neckarturm • Mo–Fr 9–17, Sa, So 10–18 Uhr

Letzel 🍴🍷 📖 E 4

Ein echter Spielwarenladen, wie sich gehört, den man in Begleitung eines Kleinkindes allerdings nur betreten sollte, wenn man genug Zeit mitbringt. Die Versuchungen sind schier endlos: rund 600 m² Verkaufsfläche auf vier Etagen voll mit Spielzeug und Bastelartikeln.

Innenstadt • Am Wollhaus 7 • Bus: Wollhaus • http://letzel.de • Mo–Do 9–18.30, Fr 9–19, Sa 9–18 Uhr

MÄRKTE

Flohmarkt Theresienwiese 📖 C 4

Mindestens einmal im Monat findet am Wochenende auf der Theresienwiese außerhalb der Innenstadt am Neckarkanal ein riesiger Flohmarkt statt, der diesen Namen verdient. Ein wahres Eldorado für Sammler und Schnäppchenjäger.

Innenstadt • Karlsruher Straße/Theresienwiese • Bus: Theresienwiese • www.geros-flohmarkt.de • Fr, Sa 9–16 Uhr

 MERIAN Tipp

CITY-FLOHMARKT

Einmal im Jahr, meist Ende Mai, verwandelt sich die komplette Innenstadt samstags in einen großen Amateur-Flohmarkt mit mehr als 200 Ständen – ein Paradies für Sammler und Schnäppchenjäger! ▶ S. 16

MÖBEL UND DESIGN
Gerber 22   E 3
Das Sortiment umfasst besondere Möbel für innen wie außen, hochwertige Textilien und Accessoires, vor allem handverlesene Designerware in schlichtem Stil.
Innenstadt • Gerberstr. 22 • S-Bahn: Rathaus • www.gerber22.com • Di–Fr 10–18, Sa 10–15 Uhr

performa möbel und design   E 4
Neben den hochwertigen Vitra-Möbeln gibt es hier auch Design für die kleinen Dinge. Beispielsweise gefilzte Kissen und Taschen, die nicht nur ausgesprochen schick sind, sondern auch noch einen nachhaltigen und fairen Arbeitsplatz für die Produzenten in Nepal sichern. Oder formschöne Glasprodukte, die noch erahnen lassen, dass sie in einem früheren Leben einmal eine schnöde Weinflasche waren.
Innenstadt • Gustav-Binder-Str. 2–6 • S-Bahn: Harmonie • www.performa. de • Di–Fr 10–18, Sa 10–16 Uhr

MODE UND LEDERWAREN
Chouchou Boutique   E 4
Die Boutique an der Neckarmeile vereint Laden und Kreativwerkstatt. Neben handgefertigtem Schmuck entstehen hier auch Designs für Poster, Taschen und andere Accessoires. Die Modeauswahl ist mit Geschmack ausgesucht und meist französischer oder dänischer Provenienz – definitiv etwas für alle, die ungern in Kaufhäusern shoppen und eine handverlesene Auswahl und kompetente Beratung zu schätzen wissen.
Innenstadt • Obere Neckarstr. 8 • S-Bahn: Rathaus • www.facebook. com/chouchouBoutique • Mo–Fr 10–19, Sa 10–16 Uhr

⭐ 7 MERIAN Tipp

UNILEVER WERKSVERKAUF   D 5
Der Name Knorr ist untrennbar mit Heilbronn verbunden. Da passt es gut, einen Blick in den Knorr-Werksverkauf zu werfen und gleich auch noch ein paar vergünstigte Tüten Gewürzmischung mitzunehmen, denn mit dem historischen Wissen isst es sich anders – versprochen!   ▶ S. 17

Rudolfo   E 4
Zugegeben, Dirndl sind eigentlich eine bayrisch-österreichische Angelegenheit. In Heilbronn erfreuen sie sich allerdings höchster Beliebtheit, und bei Rudolfo gibt es nicht nur eine große Auswahl an Trachtenmode, sondern auch die kompetente Beratung, wenn es um Passform sowie um Accessoires – von der Schürze über den Hut bis zum Charivari – geht. Für alle, die auch den Nachwuchs in Tracht sehen wollen, gibt es gegenüber Rudolfo Kids.
Innenstadt • Kirchbrunnenstr. 23 • S-Bahn: Rathaus • www.rudolfo-heilbronn.de • Mo–Fr 10–19, Sa 10–17 Uhr

Taschenhaus   E 3
Man muss schon wissen, dass dieser Laden existiert, denn der Eingang befindet sich in einem Hinterhof an der Weinsberger Straße. Drinnen gibt es vom Ranzen bis zur schrägen Tasche aus Kuhfell so ziemlich alles, was man sich über die Schulter hängen kann. Das fachkundig geschulte Personal berät Sie gerne.
Innenstadt • Weinsberger Str. 17-1 • S-Bahn: Theater • www.dastaschenhaus.de • Mo–Fr 9–18, Sa 10–16 Uhr

Stöbern und Feilschen in der Fußgängerzone: Der City-Flohmarkt (▶ MERIAN Tipp, S. 37) im Mai ist eine feste Größe in Heilbronns Veranstaltungskalender.

MUSIK

Dreamworld Records 📖 E 3

Die guten alten Schallplatten sind längst wieder in. Neue und ältere Ausgaben davon gibt es in diesem sehr nüchtern gehaltenen Plattenladen: Vinylplatten, DJ-Equipment und sonst nichts, außer einer guten Hintergrundmusik.
Innenstadt • Schwibbogengasse 14 • S-Bahn: Theater oder Harmonie • https://de-de.facebook.com/Dream world-Records-128751153868069 • Mo, Fr 12–18.30, Do 14.30–18.30, Sa 12–16.30 Uhr

PORZELLAN UND KERAMIK

Hasenmühle 📖 Klappe vorne

Ein kleines bisschen skurril ist die Hasenmühle mit ihrer gigantischen Kramsammlung allemal und ein gutes Stück außerhalb der Stadt gelegen. Trotzdem: Zwischen alten Telefonhäuschen und allerhand Krempel gibt es hier eine Mega-Auswahl an Töpferwaren, vom Teller bis zu dekorativen Vorgartenbewohnern.
Weinsberg • Hasenmühle 1 a • Bus: Weinsberg Abzweig Weissenhof • www. hasenmuehle-weinsberg.de • Mo–Fr 8.30–12.30, 14–18, Sa 10–14 Uhr

Am Abend

Heilbronn bietet einen guten Mix aus klassischen und jungen Abendvergnügungen: Zahlreiche Clubs locken die Studenten, aber auch Deutschlands erstes Theaterschiff ankert im Neckar.

◀ Die Piano Wine Bar (▶ S. 42) punktet mit Kunstausstellungen, Livemusik, Jazz und regelmäßigen Weinproben.

Lange Zeit galt Heilbronn als Stadt der gepflegten Langeweile. Doch mit dem Beginn des neuen Jahrtausends erfuhr die hiesige Bildungslandschaft einen wahren Schub. Heute gibt es rund 10 000 Studenten – und das macht sich auch im Nachtleben bemerkbar. Zahlreiche Clubs verschiedenster Musikrichtungen buhlen nun um die Nachtschwärmer.

Aber auch wenn es um das klassische Nachtleben geht, kann sich Heilbronn sehen lassen. Verschiedene **Theater** sind hier zu Hause, etwa das älteste Theaterschiff Deutschlands, die Kabaretttruppe GAUwahnen und mit Radelrutsch ein engagiertes Kindertheater, das an den verschiedensten Orten auftritt. Im **Kongresszentrum Harmonie** finden zudem zahlreiche klassische Konzerte des Württembergischen Kammerorchesters Heilbronn, des Heilbronner Sinfonie Orchesters sowie vieler anderer Künstler statt.

Einen echten Nightlife-Bezirk gibt es nicht: Viele kulturelle Einrichtungen und Bars verteilen sich in der Innenstadt in den Seitengassen der zentralen Sülmer Straße, eine Reihe von Clubs findet man vor allem im industriellen Norden und an der Viehweide im Südwesten Heilbronns.

Informationen gibt es in der Heilbronner Regionalausgabe des Gratis-Stadtmagazins »**Moritz**« (www. moritz.de), das in vielen Geschäften in der Innenstadt und bei der Tourist Info (www.heilbronn-tourist.de) am Rathausplatz ausliegt. Letztere ist auch die richtige Anlaufstelle für den Kartenvorverkauf.

BARS

Club Kaiser Skybar　　📖 D 2

Die Bar im Kaiser-Turm, einer ehemaligen Kaffeeröstanlage, punktet mit einem wunderbaren Ausblick und einer Kombi aus Cocktailbar mit großer Karte, Sushi-Restaurant und Loft-Club. Samstags verwandelt sich der Club Kaiser zur Partylocation mit industriellem Charme. Zigarrenraucher freuen sich über die Raucher-Lounge, die in ihrem Humidor ein großes Sortiment an Zigarren vorrätig hat.

Heilbronn-Nord • Gottlieb-Daimler-Str. 9 d • Bus: Fügerstraße • www.clubkai ser.de • Di–Do 18–1, Fr, Sa 18–4 Uhr

Emma 23　　📖 E 2

Die »Nachfolgerin« des alternativen Komplexes 23 ist ebenfalls auf ein alternatives Publikum ausgerichtet, allerdings in renovierter Version und in der Heilbronner Gastroszene ziemlich einmalig.

Heilbronn-Nord • Salzstr. 23 • S-Bahn: Sülmer Tor • Do, Fr 19–1, Sa 19–3 Uhr

Liberté　　📖 E 4

Bar oder Bistro – oder einfach ein Café? Das Liberté kann und muss sich nicht entscheiden. In jedem Fall herrscht französische Atmosphäre. Wer auf den Stühlen vor der Bar Platz nimmt, könnte sich auch in Paris wähnen – und dabei bei einem Espresso den Heilbronnern auf dem Marktplatz zuschauen.

Innenstadt • Marktplatz 11 • S-Bahn: Rathaus • Tel. 4 05 13 60 • www.liber te-cafe.de • Mo–Do 9–1, Fr–Sa 9–2, So 12–24 Uhr

Pearls and Diamonds　　📖 D 4

Klare Linien und ein bisschen Glamour: Die Lounge-Bar bringt Farbe in die Abende unter der Woche. Essen kann man hier natürlich auch – und zwar recht lecker. Nicht nur die Gäste des angeschlossenen Hotels wissen dies zu schätzen. Innenstadt • Bahnhofstr. 31 • S-Bahn: Hauptbahnhof • http://pearls-diamond.de • Di–Do 17–22.30, Fr 17–23.30, Sa 8–14 Uhr

Piano Wine Bar D 4

Wer bei dem Namen an Plüsch und Dämmerlicht denkt, liegt falsch: Die Piano Wine Bar ist in hellem Holz gehalten, schlicht eingerichtet und irgendwo zwischen skandinavischem und mediterranem Flair angesiedelt. Regelmäßig werden hier auch Kunstausstellungen, Livemusik, Jazz und Weinproben mit Winzern und Sommeliers veranstaltet. Das passende Menü zum Wein gibt es natürlich auch. Innenstadt • Frankfurter Str. 36 • S-Bahn: Hauptbahnhof • Tel. 0 15 23/6 28 56 14 • http://pianowinebar.com • Mi–Do 18–22, Fr, Sa 18–23.30 Uhr

Ray Lemon E 4

Von der erhöhten Terrasse des Ray Lemon hat man eine prima Aussicht über die Allee. Den passende »Special Cocktail« dazu gibt es in der Cocktailbar gleich neben der Galerie Vogelmann zwischen 20 und 22 Uhr für 5 €, freitags legt ein DJ auf. Innenstadt • Allee 28 • S-Bahn: Harmonie • Tel. 1 24 51 05 • www.facebook.com/raylemon.de • Di, Mi 11–17, Do 11–24, Fr, Sa 11–1, So 11–17 Uhr

Veranda 8 E 4

Tagsüber eher ein Café, abends geht das Programm nahtlos in Partystimmung à la Lounge-Bar über.

Den Abend genießen über den Dächern Heilbronns: Die Club Kaiser Skybar (▸ S. 41) im Kaiser-Turm bietet während der BUGA ab 10 Uhr auch Frühstück an.

Innenstadt • Sülmerstr. 8 • S-Bahn: Rathaus • Mo–Do 10–1, Fr, Sa 10–2, So 10–24 Uhr

LIVEMUSIK

ebene 3　📖 E 3

Nachtclub, Livemusik, Lesungen und Theater – die Ebene 3 ist eine gelungene Mischung aus mehreren Sparten. Bis zu 120 Personen finden in der lauschigen Bar mit Bühne Platz. Das wechselnde Programm reicht von Kabarett bis zu Tangoabenden und Bluessessions.
Innenstadt • K3 am Berliner Platz 12 • S-Bahn: Theater, Bus: Berliner Straße • www.ebene-3.de • Öffnungszeiten je nach Veranstaltung

Jazzclub Cave 61　📖 südl. B 6

Das musikalische Urgestein im Alten Theater Sontheim existiert seit 1961 und bietet jeden Donnerstag hochkarätige Jazzkonzerte mit internationalen Bands.
Sontheim • Altes Theater, Lauffener Str. 2 • Tel. 6 42 82 81 • www.cave61.com • 20 bis ca. 22.30 Uhr

Red River　📖 E 2

Country, Blues und Rock-Musik kann man in dieser kleinen Kneipe lauschen. Regelmäßig finden hier Konzerte statt, es gibt aber auch die Gelegenheit, selbst in die Saiten zu greifen, wie beim monatlichen Bluegrass-Stammtisch, der hier und da in einer Jam-Session endet.
Nordstadt • Neckarsulmer Str. 40 • S-Bahn: Sülmer Tor • https://musikkneipe-redriver.de • tgl. 20–24 Uhr

KINOS

Neben dem Cinemax im K3 mit seinen sechs Sälen und dem Cineplex

8　⭐ **MERIAN Tipp**

BLACK SHEEP FESTIVAL

Jedes Jahr im Juni findet das mehrtägige Black Sheep Festival im Bonfelder Schlosshof statt. Unter den zahlreichen Bands finden sich nicht nur vielversprechende Newcomer, sondern auch echte Rock-Größen.　▶ S. 17

im nahe gelegenen Neckarsulm gibt es in Heilbronn das Programmkino Kinostar Arthaus. Hier laufen ausgesuchte internationale Filme, Kultklassiker sowie Liveübertragungen von Oper und Ballett auf vier Leinwänden (Kirchbrunnenstr. 3, S-Bahn Rathaus, www.kinostar.com).

CLUBS UND DISKOTHEKEN

Creme 21　📖 nördl. D 1

Ältere Semester erinnern sich vielleicht noch an die Creme 21 aus den 1970ern – heute wird in der ehemaligen Fabrik zu Soul und Musik der 1978er getanzt. Regelmäßig werden Mottopartys organisiert.
Nordstadt • Lichtenbergerstr. 17 • Bus: Lichtenbergerstraße • www.creme21derclub.de • Fr, Sa 22–4 Uhr

Doris Hill　📖 E 4

Im renovierten Gewölbekeller legen DJs Musik von House über 1970er-Jahre Hits bis Black Music auf.
Innenstadt • Schulgasse 3 • S-Bahn: Harmonie • www.facebook.com/dorishillheilbronn • Mi 21–2, Fr, Sa 23–4 Uhr

Green Door　📖 südl. E 6

Der futuristisch beleuchtete House-Club gehört zu den Veteranen der Heilbronner Nightlife-Szene. Das

Programm gestaltet sich abwechslungsreich, von DJs und Partys bei House-Musik bis R'n'B und Charts. Zahlreiche Partyevents, im Sommer gibt es einen Außenbereich.
Sontheim • Charlottenstr. 190 • Bus: Schwabenhof • www.green-door.de • 22–4 Uhr

Hip Island   C 3
Coolness schadet nicht im Beach Club, ist aber keine Voraussetzung. Hier und da trifft man auch auf Familien, die sich auf dem 1500 m² großen Stadtstrand sowie den rund 100 Liegestühlen einfach mal einen Hauch Urlaub gönnen, bevor es abends richtig zur Sache geht. Dann übernimmt das Partyvolk das Areal.
Nordstadt • Hafenstr. 17 • Bus: Hafenamt • www.hip-island.de • nur im Sommer Mo–Sa 16–2, So 14–2 Uhr

Mobilat Club   E 2
Solider Nachtclub mit Bühne, der von Soul über Britpop und Indie auch Livekonzerte bietet. Hier darf gerne auch mal eine drei vor der Altersangabe stehen.
Nordstadt • Salzstr. 27 • S-Bahn: Sülmertor • www.mobilat-club.de • Do 22–3, Fr, Sa 23–4 Uhr

Musikpark   D 2
Hip-Hop, R'n'B und Partymusik sind im Musikpark angesagt. Die Auswahl ist groß: Verschiedene Ecken des Clubs wie die Techno Area 51, der Soul Club La Vie, das Partydorf Talstation, der Rittersaal und Beck's Lounge sorgen für Abwechslung.
Heilbronn-Nord • Gottlieb-Daimler-Str. 9 a • Bus: Fügerstraße • http:// musikparkheilbronn.de • Do, Fr, Sa und vor Feiertagen ab 22 Uhr

KNEIPEN

Prediger   E 3
Whiskey, Zigarren, Indie-Musik: Mit diesen drei Schlagworten lässt sich der Prediger gut zusammenfassen. Raucher dürfen sich freuen, denn ab 18 dürfen sie hier zur Zigarette greifen. Regelmäßig werden auch Motto-Partys veranstaltet.
Innenstadt • Schellengasse 16 • S-Bahn: Harmonie • www.prediger bar.de • Di–Do 20–1.30, Fr, Sa 20– 2.30 Uhr

KONZERTE

Harmonie   E 4
Das Konzert- und Kongresszentrum mitten in der Stadt besitzt fünf Säle, in denen regelmäßig Kulturveranstaltungen auf dem Programm stehen, vom klassischen Konzert des Württembergischen Kammerorchesters Heilbronn, des Sinfonie Orchesters, aber auch vieler anderer Künstler. Schon aus Platzgründen ist die Harmonie die erste Wahl, wenn es um größere Veranstaltungen geht, denn im Theodor-Heuss-Saal finden mehr als 2000 Menschen Platz.
Innenstadt • Allee 28 • S-Bahn: Harmonie • Programm unter www. heilbronn-tourist.de

Kilianskirche   E 4
Seit mehr als 50 Jahren findet jeden zweiten Samstag (außer in den Sommerferien) die »Stunde der Kirchenmusik« statt. Die kostenlosen Kirchenkonzerte beginnen um 18 Uhr.
Innenstadt • Kiliansplatz • S-Bahn: Rathaus

THEATER

Kulturkeller   F 3
Heilbronns älteste Kleinkunstbühne wurde 1983 eröffnet und bietet auf

Die Neckarmeile (▶ MERIAN TopTen, S. 25) gilt als größte Gastromeile am Fluss in Süddeutschland. Auf 700 m finden sich rund 20 gastronomische Betriebe.

engem Raum – es hat gerade einmal 55 Sitzplätze – ein gemischtes Programm aus Kabarett, Theater und Musik. Angeschlossen ist ein kleiner, gemütlicher Kneipenraum, Innenstadt • Gartenstr. 64 • S-Bahn: Theater • www.kulturkeller.de

Le Café Théâtre   E 2
Seit 2001 spielt die Theatertruppe im Kaffeehaus Hagen, mittlerweile wurden hier 20 Produktionen aufgeführt, von klassischen Stücken bis zu modernen Aufführungen.
Heilbronn-Nord • Kaffeehaus Hagen, Christophstr. 13 • S-Bahn: Sülmertor • Tel. 15 55 4 24 • www.cafetheatre.de

Theater Heilbronn   E 3
Das Theater Heilbronn umfasst drei Bühnen: Neben dem Großen Haus, das für große Schauspiele, Musiktheaterinszenierungen und Tanztheater steht, gibt es das Logentheater

Komödienhaus sowie die Kammerspiele für kleinere Inszenierungen. Innenstadt • Berliner Platz 1 • S-Bahn: Theater • Tel. 56 30 00, Theaterkasse 56 30 01 • www.theater-heilbronn.de

Theater Radelrutsch
▶ Familientipps, S. 48

Theaterschiff   E 4
Das erste Theaterschiff Deutschlands, ein umgebautes, aber grundsätzlich funktionsfähiges Frachtschiff, inszeniert einen Mix aus fremden und eigenen Stücken, aber auch Kabarett, Musik, Lesungen und Kleinkunst. Der Andrang auf die 124 Plätze ist groß, 150 Vorstellungen finden hier pro Jahr statt. Innenstadt • Obere Neckarstraße • S-Bahn: Kurt-Schumacher-Platz/Rathaus • Tel. 62 75 79 • www.theaterschiff-heilbronn.de

Familientipps

Heilbronn ist eine kinderfreundliche Stadt, und das nicht nur aufgrund des Science Parks der experimenta. So gibt es etwa allein im Zentrum der Stadt 16 Spielplätze.

◄ Das freie Kinder- und Jugendtheater Radelrutsch (► S. 48) bespielt mobil die Stadt Heilbronn und das Umland.

Besucherbergwerk Friedrichshall

🚩 Klappe vorne

Die Daten sind wahrlich beeindruckend: In 180 m Tiefe geht es für die Besucher durch die Gänge im 200 Mio. Jahre alten Salz, die teils mit bunten Lichtinstallationen erleuchtet sind. An den früheren Abbaustätten erlebt man die Geschichte des Salzes und die im Lauf der Jahrzehnte wechselnde Abbautechnik. Hin und wieder finden auch Schausprengungen statt. Besonders beliebt bei Kindern ist die 40 m lange Rutsche am Ende der Führung. Aber auch Erwachsene dürfen sich hier überraschen lassen. 1816 wurde in Bad Friedrichshall-Jagstfeld ein erstes Steinsalzlager entdeckt, ab 1859 wurde es abgebaut. 1971 fusionierten die Bergwerke zur Südwestdeutschen Salzwerke AG, 1984 wurde die Verbindung zwischen Heilbronn und Kochendorf hergestellt – unterirdisch natürlich. Heute gibt es im Bergwerk 700 km Wege und Straßen, mehr als oberirdisch! Salzbergwerk Bad Friedrichshall • Bergrat-Bilfinger-Str. 1 • Bahnhof Bad Friedrichshall-Kochendorf • www. salzwelt.de • 20. April–6. Okt. Sa, So 9.30–15.30 letzte Einfahrt, letzte Ausfahrt 17.30 Uhr, 14. Juni–26. Juli auch Fr • Eintritt 9,50 €, Kinder 5,50 €, Schüler 7 €

experimenta

► Museen und Galerien, S. 90

Freizeitbad Aquatoll 🚩 Klappe vorne

Im Spaßbad Aquatoll gibt es die Gelegenheit, in der Sole zu baden. Der Schwerpunkt liegt aber weniger auf Entspannung als auf Action und Bewegung. 71 m Wildwasserfluss, diverse Becken mit Sprudelanlagen, abwechslungsreiche Einrichtungen und die Saunalandschaft machen das Bad zu einer beliebten Familienattraktion. Im angeschlossenen Sportbad kann man natürlich auch ganz konventionell schwimmen. Neckarsulm • Wilfenseeweg 70 • Bus: Aquatoll • www.aquatoll.de • Erlebnisbad tgl. 9–22, Sportbad Di, Fr ab 7 Uhr • Eintritt ab 7,60 €, Kinder 3 €

Freizeitbad Soleo 🚩 E 3

Im Soleo gibt es ein 30 °C warmes Innenbecken mit Salzwasser, Whirlpools und eine Außenbecken-Badelandschaft samt Massagedüsen und Sprudeleffekten, die dank 34 °C Wassertemperatur auch im Winter genutzt wird. Auf Schwimmer, die lieber ihre Bahnen ziehen, wartet noch ein herkömmliches Sportbecken samt Sprungturm. Besonders beeindruckend ist die Badelandschaft in den Abendstunden, wenn das Außenbecken in allen Farben beleuchtet wird. Für Familien mit kleinen Kindern gibt es zudem einen Eltern-Kind-Bereich mit Planschbecken. Innenstadt • Untere Neckarstr. 21 • Bus: Soleo, S-Bahn: Theater • www. soleo-heilbronn.de • Mo 13–18, Di, Do, So 8–20, Mi 8–21, Fr 6–21, Sa 8–18 Uhr • Eintritt 6 €, Kinder 3,20 €

Greifvogelwarte Burg Guttenberg

🚩 Klappe vorne

Die spätmittelalterliche Burg ist an sich schon sehenswert, die Hauptattraktion sind jedoch die einstündigen Greifvogelshows der deutschen Greifenwarte. Die frei fliegenden Adler und Geier mit bis zu 2 m Spannweite – rund 80 Greifvögel

hält die Warte – segeln dabei über die Köpfe der Zuschauer hinweg.
Haßmersheim • Burgstr. 1 • S-Bahn: Bahnhof Haßmersheim • tgl. 10–18 Uhr • Eintritt mit Flugvorführung 11 €, Kinder 7 €, Familien 32 €

Junges Museum Christoph Reinwald 🏛 E 4

Das Haus ist eine Bildungseinrichtung der Städtischen Museen, die mit ihrem museumspädagogischen Programm Kindern im Alter von drei bis zehn Jahren das Thema Kunst näherbringen will. Einen Überblick über die Veranstaltungen, die von der Ferienwerkstatt bis zu Ausstellungsbesuchen eine große Bandbreite umfassen, gibt es auf der Webseite. Die Teilnahme ist meist gratis, oft ist jedoch eine Voranmeldung erforderlich.
Innenstadt • Städtische Museen Heilbronn, Deutschhofstr. 6 • www.junges-museum.de • Tel. 56 45 42

Kinder- und Jugendbibliothek Heilbronn 🏛 E 3

In der Bibliothek gibt es nicht nur Tausende Bücher für Kinder und Jugendliche, sondern auch ein recht umfangreiches Programm. Von der Schreibwerkstatt bis zum Vorlesewettbewerb und vielen anderen kulturellen Angeboten ist alles dabei.
Innenstadt • K3, Berliner Platz 12 • S-Bahn: Theater • www.stadtbibliothek-heilbronn.de • Di–Fr 10–19, Sa 10–14 Uhr

Kinder- und Jugendtheater Radelrutsch

Das 1977 gegründete freie Heilbronner Kinder- und Jugendtheater Radelrutsch tritt im Theater Heilbronn, aber auch auf mobilen Bühnen auf. Die Themen sind einfach und kindgerecht. Oft handelt es sich dabei um Eigenproduktionen. Das aktuelle Programm gibt es online.
Wechselnde Spielstätten • Tel. 48 47 20 • www.radelrutsch.de

Kinderführung Bad Wimpfen 🏛 Klappe vorne

Die mittelalterliche Stadt bietet nicht nur spezielle Kinderführungen durch die Kaiserpfalz, sie werden auch von Kinderstadtführern in historischem Kostüm geleitet! Geeignet für Kinder ab sechs Jahren. Buchungen über die Tourist-Info (Hauptstr. 45, Mo–Fr 10–12, 14–17 Uhr).
S-Bahn: Bad Wimpfen • www.bad wimpfen.de • April–Okt. jeden 1. So im Monat 14 Uhr • Ticket 3 €

Kletterarena 🏛 nördl. D 1

Eine ganze Reihe von Kinderkursen, Ferienprogrammen und Familienangeboten (meist ein Kind plus ein Erwachsener) führen den Nachwuchs auf 2200 m² Kletterfläche und 150 Vorstiegsrouten in allen Schwierigkeitsgraden an das Klettern heran.
Heilbronn-Nord • Lichtenbergerstr. 17 • Bus: Lichtenbergerstraße • www.dav-heilbronn.de/de/aktiv/klettern/kletterarena.html

Leintalzoo Schwaigern 🏛 Klappe vorne

Der kleine Zoo zwischen Leingarten und Schwaigern ist eine private Initiative und daher vielleicht nicht ganz so weitläufig wie manch ein Großstadtzoo. Mit mehr als 30 Schimpansen ist er trotzdem rekordverdächtig, denn es handelt sich um die größte Schimpansengruppe in Deutschland. Da die meisten Gehege im Freien stehen, lohnt sich der Ausflug vor allem bei schönem Wetter. In einigen Bereichen können Besucher an speziellen Automaten Futterrationen ziehen und selbst füttern. Neben dem Zoo-café können sich die Kinder auch auf dem Abenteuerspielplatz austoben. Schwaigern • Freudenmühle 1 • S-Bahn: Schwaigern-Ost • www.tier park-schwaigern.de • Sommer 10–18, Winter 10–16 Uhr • Eintritt 6 €, Kinder (3–15 Jahre) 4 €

Schlittschuhlaufen im Eisstadion

E 3

Die Heimatarena der Eishockey-mannschaften der Heilbronner Fal-ken und der Eisbären Heilbronn ist regelmäßig für den Publikumslauf geöffnet, samstags findet abends der Disco-Lauf statt. Schlittschuhe gibt's in allen Größen vor Ort im Verleih. Innenstadt • Kolbenschmidt Arena • Bus: Europaplatz • Tel. 6 44 81 50 • Sept.–April Mo–Do 8.30–11.15, 13.15–15.15, Fr 9–12.15, 13.15–15.15,

⭐ MERIAN Tipp
9

STADTFÜHRUNG PER KANU
D 3

Die dreistündige Tour »Urbanes Pad-deln« führt mit vielen Stopps im Kanu entlang der Neckarpromenade, durch den Wilhelmskanal und am BUGA-Ge-lände vorbei. Sie ist für Kinder ab 12 Jahren geeignet. ▶ S. 17

Sa Disco 18–22, So 13.30–16.30 Uhr • Schlittschuhverleih 4 €, Eintritt 6 €, Kinder unter 5 Jahren 3 €, 6–12 Jahre 4 €, 13–17 Jahre 4,50 €, Eis-Disco 6 €

Simsalabim Erlenbach

Klappe vorne

Der rund 3000 m² große Hallenspiel-platz ist randvoll mit Attraktionen wie dem Abenteuer-Kletterlabyrinth mit 56 Spielelementen, Bällepools, Softballkanonen, Mutbrücken, einer

Im Leintalzoo (▶ S. 48) lebt die größte Schimpansengruppe Deutschlands. Derzeit tummeln sich 33 Tiere jeden Alters in den Gehegen östlich von Schwaigern.

Vierfach-Wellenrutsche sowie einer Trampolinanlage mit acht Feldern.
Erlenbach • Im Unterwasser 17 • Bus: Erlenbach • www.simsalabim-erlen bach.de • Mo–Fr 14–19, Sa, So und Schulferien 10–19 Uhr • Eintritt ab 3,50 €, Kinder ab 6,50 €

Spielplatz Pfühlpark   H 4

Der Park im Osten der Stadt ist der älteste in Heilbronn und geht auf das Jahr 1575 zurück. Logisch, dass der Mega-Spielplatz samt Piratenschiff und Riesenrutsche von hohen Bäumen umgeben ist. Was Eltern besonders schätzen, ist der kleine Kiosk gleich nebenan. Alkohol gibt es hier nicht, aber dafür Kaffee und unzählige andere Sachen, die Kinder und Eltern unbedingt brauchen, auch wenn sie es noch gar nicht wissen.
Heilbronn-Ost • S-Bahn: Pfühlpark

Spielplatz Ziegeleipark   A 5

Der 15 ha große Park am Westrand des Stadtteils Böckingen ist nicht nur weitläufig, er lockt vor allem im Sommer mit einem Wasserspielplatz, der Kinder unter zehn Jahren über Stunden faszinieren kann. Ein Handtuch gehört unbedingt ins Gepäck, wenn man hier picknickt.
Böckingen • Bus: Friedrichstraße • Parkplätze in der Heuchelbergerstraße und der Fritz-Ulrich-Straße

Sternwarte Heilbronn   F 4

Es lockt ein vielfältiges Programm mit Führungen und Vorträgen, darunter auch viele Events für Kinder. Nach einer Einführung geht es meist aufs Dach, zur eigentlichen Sternwarte. Dort wartet in einem Häuschen mit Kuppeldach das größte Fernrohr der Sternwarte. Der Coudé-Refraktor ermöglicht mit 2250 mm

Brennweite und einem Linsendurchmesser von 150 mm Kindern ab acht Jahren und Erwachsenen eine gute Beobachtung ferner Planeten. Das ehemalige Meridiankreishaus birgt ein leistungsfähiges Spiegelteleskop sowie einen drehbaren Hohlglobus. Die Termine aktueller Veranstaltungen sind online einzusehen.
Innenstadt • Bismarckstr. 10, im Robert-Mayer-Gymnasium (Seiteneingang Mönchseestraße) • S-Bahn: Friedensplatz • www.sternwarte.org

Strandkorb Neckarsulm

Klappe vorne

Die Strandbar mit Imbiss gleich neben dem Aquatoll bietet echtes Ferien-Feeling und für Kinder jede Menge Gelegenheit, im Sand zu spielen und herumzutollen, ohne dass die Eltern sie aus den Augen verlieren.
Neckarsulm, Reisachmühle • http:// strandkorb-nsu.de • im Sommer Mo–Do 15–24, Fr, Sa 15–1, So 12–24 Uhr

Technikmuseum Sinsheim

▸ Museen und Galerien, S. 89

Waldkletterpark Weinsberg

Klappe vorne

Mit den idyllisch gelegenen Kletterparcours in diversen Schwierigkeitsgraden, den Seilbahnfahrten über 100 m und 75 m Länge und dem Free-Fall kann man problemlos einen halben Tag verbringen. Kinder und Jugendliche, die den Park allein besuchen, brauchen eine elterliche Einverständniserklärung, Vorlagen gibt es auf der Webseite.
Weinsberg • Schemelsberg • www. waldkletterpark-weinsberg.de • die Öffnungszeiten sind online abrufbar • Eintritt 20 €, 14–17 Jahre 17 €, 6–13 Jahre 14 €

DIE SCHÖNSTEN REISEZIELE WELTWEIT

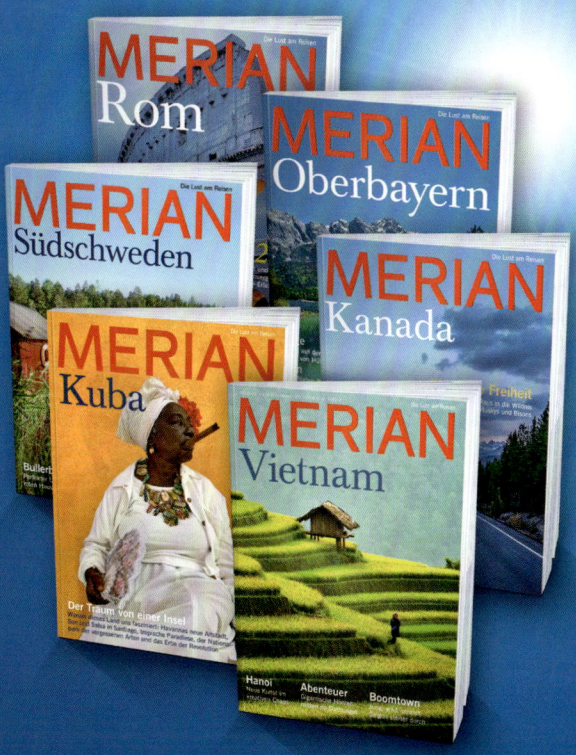

MERIAN
Rom

MERIAN
Oberbayern

MERIAN
Südschweden

MERIAN
Kanada

MERIAN
Kuba

MERIAN
Vietnam

Mit über 80 Sachen durch die Sägemühle: Die Züge der Holzachterbahn »Mammut« im Erlebnispark Tripsdrill (▶ S. 52) wurden wie überdimensionale Sägen gestaltet.

Erlebnispark Tripsdrill

🔖 Klappe vorne

Rund 20 km vor den Toren Heilbronns, nahe Cleebronn im Naturpark Stromberg-Heuchelberg, liegt dieser Erlebnispark. Familien der Region und Action-Freunden bundesweit ist dieses Areal ein fester Begriff – und das schon richtig lang, denn er war der erste Deutschlands. Mit dem Bau der ersten Altweibermühle 1929 legte der Großvater der heutigen Besitzer den Grundstein für den Erlebnispark und erfand auch das Thema, unter dem bis heute die Attraktionen stehen: »Schwaben anno 1880«. Seitdem hat sich natürlich einiges getan, und mittlerweile warten mehr als 100 Publikumsmagnete für alle Altersgruppen auf die Besucher. Für die Kleinsten gibt es eine ganze Reihe weniger rasanter Attraktionen (wobei diese Einschätzung sicher eine Frage des Alters ist): Vom Wäschekorb-Rundflug und Seifenkisten-Rennen bis zur Mühlbach-Fahrt und dem Gaudi-Viertel sind zahlreiche Attraktionen ohne Altersbegrenzung oder mit einem Mindestalter von drei Jahren dabei.

Schnelle Attraktionen

Hoch hinaus geht es dagegen mit dem »Höhenflug«: Das turbulente Flug-Duell ist die neueste Attraktion im Erlebnispark. In zwölf Fluggeräten für je eine Person, die interaktiv steuerbar sind, können Besucher entscheiden, ob Sie nur einen ruhigen Rundflug über Tripsdrill in 20 m Höhe unternehmen oder dabei sogar turbulente Überschläge wagen wollen. Nicht nur optisch ein Höhepunkt ist die Katapult-Achterbahn »Karacho«. Beim Abschuss beschleunigen die Fahrzeuge von null auf 100 km/h in 1,6 Sekunden. Die Fahrt geht hinauf bis auf über 30 m Höhe. Dazu kommen auf der 700 m langen Strecke vier unterschiedliche Überkopfelemente, schnelle Wechsel der Fliehkräfte und Teilstrecken im Dunkeln. Nur von einem Schoßbügel im Sitz gehalten, ist die Fahrt mit der »Karacho« nichts für schwache Nerven!

Von Weitem gut sichtbar ist auch die Holzachterbahn »Mammut«. Die Züge wurden als Sägen gestaltet, sie brettern durch eine Sägemühle und durchschneiden förmlich das Gebälk. Bereits vor der Fahrt erhalten die Besucher einen ersten Eindruck von der Welt der Holzverarbeitung: Im Wartebereich wurden Teile historischer Sägemühlen aus ganz Deutschland wiederaufgebaut.

Wildtiere und Naturerlebnis

Im Eintritt für den Erlebnispark ist auch das Wildparadies enthalten, das rund ums Jahr täglich geöffnet ist. 50 Tierarten leben hier in den Freigehegen, darunter Wölfe, Eulen, Bären, Luchse, Geier und Adler. Letztere zeigen sich während der Flugshow zusammen mit anderen Greifvögeln auf der Falknertribüne in Action. Die Fütterungsrunde von Wolf, Luchs, Bär & Co. wiederum gibt einen Einblick in das Leben der heimischen Beutegreifer. Neben Walderlebnis- und Barfußpfad verfügt das Wildparadies über einen großen Abenteuerspielplatz mit reichlich Kletterspaß.

Direkt vor dem Wildparadies bietet das Natur-Resort auch außergewöhnliche Übernachtungsmöglichkeiten: 28 Baumhäuser warten mitten im Wald auf Familien und Naturfreunde. Dies übrigens mit allem Komfort, denn Flachbildfernseher, Kaffeemaschine, Kühlschrank, freies WLAN und pro Baumhaus ein eigener Sanitärbereich mit Dusche und WC gehören dazu. Oder vielleicht doch lieber gemütlich im Schäferwagen schlafen? Ganz in der Nähe, direkt neben der Streichelwiese mit Schafen und Eseln, befinden sich die 20 ausgebauten Schäferwagen mit Heizung, Kühlschrank, Waschbecken, TV, WLAN und Ventilator – und das Badehaus ist nur einen Katzensprung entfernt.

Tripsdrill wurde übrigens bereits mehrfach in Folge mit dem European Star Award als bester Erlebnispark Europas ausgezeichnet – und ist damit ein wahrer Europameister.

– Erlebnispark Tripsdrill: Cleebronn • Tel. 07135/99 99 • www.tripsdrill.de • Ostern–Anfang Nov. tgl. 9–18 Uhr • Eintritt 33 €, Kinder 28 €

– Wildparadies Tripsdrill: März–Nov. tgl. 9–18, Nov.–März tgl. 9–17 Uhr, Fütterungsrunde Wolf, Luchs, Bär & Co. und Greifvogelshow Sa–Do, im Winter abweichende Zeiten • Eintritt 11 €, Kinder 8 €

👫 Weitere Familientipps sind durch dieses Symbol gekennzeichnet.

Die Turmspitze der Kilianskirche (▶ MERIAN TopTen, S. 71) ziert kein Kreuz, sondern das »Kiliansmännle«. Im Vordergrund erkennt man die Türme des Deutschordensmünsters St. Peter und Paul (▶ S. 62).

Unterwegs in **Heilbronn**

Mitten in den Weinbergen des Unterlands gelegen, beeindruckt Heilbronn nicht nur mit historischen Orten, sondern auch mit vielen Parkanlagen und ausgedehnten Wäldern.

Sehenswertes

Heilbronns Sehenswürdigkeiten befinden sich nicht nur in der Innenstadt. Auch die verschiedenen Stadtteile und der grüne Osten sind einen Besuch wert.

◄ Täglich erklingt vom Hafenmarktturm (► S. 65) am Kiliansplatz am Abend die Melodie von »Kein schöner Land«.

Als ehemalige Reichsstadt und wohlhabende Handelsstadt war Heilbronn lange von überregionaler Bedeutung, was sich auch architektonisch bemerkbar machte. Ein großer Teil der alten Bebauung fiel jedoch den verheerenden Bombenangriffen von 1944 zum Opfer. Vieles wurde wieder originalgetreu aufgebaut, wie das Rathaus und zahlreiche Bürgerhäuser in der City, freilich lässt sich aber nicht verleugnen: Im Zentrum ist Heilbronn eine eher neue Stadt. Allerdings ist man hier durchaus experimentierfreudig und willens, architektonisch neue Wege zu gehen. So dürfte der unkonventionelle Bau der neuen experimenta schon für sich Aufsehen erregen.

Nicht nur im Zentrum

Doch auch jenseits der Innenstadt gibt es in Heilbronn Sehenswertes. Das Villenviertel im Osten der Stadt beispielsweise, das im Zweiten Weltkrieg nur wenige Schäden davontrug und daher bis heute viele opulente Bauten zählt – von den Häusern der Knorr-Familie bis zu den zahlreichen Bauten aus der Feder des Architekten Moosbrucker. Auch im ehemals eigenständigen Sontheim, das heute längst mit Heilbronn zusammengewachsen ist, finden sich zahlreiche sehenswerte Bauten, die die lange Wirtschaftsgeschichte des Ortes widerspiegeln.

⭐ Alter Friedhof   ▮▮ F 3

Park, Friedhof? Oder doch eine historische Stätte? Der Alte Friedhof gibt seine Bestimmung nicht auf den ersten Blick preis. Bereits 1530 wurde er angelegt und 1632 um das Areal des benachbarten Karmeliterklosters erweitert, als dieses abgebrochen wurde. Über 350 Jahre lang wurden hier nahezu alle Honoratioren der Stadt begraben. Dem Besucher liegt quasi eine historisches Who's who zu Füßen – wenn sich die Inschriften denn entziffern lassen, denn viele der mehr als 200 Gräber sind längst verwittert und unleserlich gworden.

1882 verwandelte die Stadt den Friedhof in einen Park, unter manch einer Rasenfläche liegt ein Gräberfeld. Einige Grabstätten blieben jedoch erhalten, etwa das des Arztes und Physikers Robert Mayer, der sich mit der Entdeckung des Energieerhaltungssatzes einen Namen machte, oder das des Unternehmers Georg Andreas Cluss. Hier und da kann man sich nicht wirklich sicher sein, ob der Grabstein zur Grabstätte passt, denn während des Zweiten Weltkrieges wurde der Friedhof zerstört. Während der Aufräumarbeiten wurden viele Steine einfach dekorativ über den Park verteilt, da sich einfach nicht mehr feststellen ließ, wo die Grabmäler ursprünglich standen. Außerdem wird der Park auch als Lapidarium genutzt für allerhand Steine, von denen man wohl nicht so recht wusste wohin und die man dennoch ausstellen wollte – und für einige Denkmäler, die hier einen neuen Platz fanden, nachdem sie aus vielfältigen Gründen umziehen mussten. Das charmante Sammelsurium ist in jedem Fall einen Besuch wert und Gelegenheit für eine Pause mit historischem Touch.

Innenstadt • im Karree Weinsberger Straße/Karmeliter Straße/Schillerstraße • S-Bahn: Berliner Platz Ost

Der Platz zwischen Mercure Hotel (▶ S. 23) und Freizeitbad Soleo (▶ S. 47) dominiert der Bollwerksturm (▶ S. 58), in dem schon Götz von Berlichingen einsaß.

Bollwerksturm   📖 E 3

Von der ehemaligen Stadtmauer sind nur noch wenige Türme erhalten. Der Bollwerksturm – der einzige runde unter den Türmen – direkt neben dem Soleo-Bad ist einer davon. Er markierte die nordwestliche Ecke der Stadtmauer und wurde als Gefängnis genutzt. So wurden dort bisweilen Kindsmörderinnen oder Ehebrecherinnen inhaftiert, bevor sie zur Hinrichtung gebracht wurden.

Er kam auch zu (kurzem) Ruhm, als 1519 Götz von Berlichingen als Gefangener des Schwäbischen Bundes hier eine Nacht einsitzen musste. Vielleicht ließ ihn der Heilbronner Papierfabrikant Gustav Schaeuffelen deshalb 1851 renovieren? Anstelle des Spitzdachs trägt er seither einen Mauerring. Allgemein zugänglich ist der Turm nicht, aber gegen Vorlage des Personalausweises kann man den Schlüssel bei der Touristeninformation abholen.

Innenstadt • Platz am Bollwerksturm • Bus: Soleo • Schlüssel bei der Touristeninformation

📷 FotoTipp

HEILBRONN MIT WEITBLICK

Für den Blick vom Götzenturm über die Stadt und den Neckar lohnt es sich, den Schlüssel zu holen, zumal es sonst wenig Möglichkeiten gibt, die Innenstadt aus der Vogelperspektive abzulichten.   ▶ S. 65

🍃 Botanischer Obstgarten   📖 G 2

Mit seinem weitläufigen Gelände und dem alten Baumbestand ist der Botanische Obstgarten ein echtes grünes Refugium in der Stadt. Seine Ursprünge gehen auf eine »Knabenarbeitsanstalt« aus dem Jahr 1850 zurück. Anders, als es der etwas strenge Name vermuten lässt, ging bei diesem Projekt darum, die Kinder (allerdings ausschließlich den männlichen Nachwuchs) der Arbeiterschaft im Zeitalter der Industrialisierung im Grünen sinnvoll zu beschäftigen und ihnen die Möglichkeit zu geben, etwas dazuzuverdienen.

Im Jahr 1900 bezog die Anstalt das heutige 2 ha große Gelände, wo die Jungen mit einfachen Arbeiten in einer Baumschule sowie in der Obst-, Gemüse- und Zierpflanzengärtnerei beschäftigt waren. 1934 wurde der Verein aufgelöst, nicht jedoch das Gelände, das in der Folge als städtisches Obstgut und ab 1965 als Baumschule bestehen blieb. Im Jahr 1998 schließlich wurde das Areal auf Beschluss des Gemeinderats zur »ökologisch bewirtschafteten Gartenanlage mit Arboretum, Klein-, Schul- und Schaugärten«.

Im Grunde ist der Botanische Obstgarten heute also eine interessante Mischung aus Schulgarten und Erholungsgelände, Veranstaltungsraum und Treffpunkt, denn neben den Gärten, die als »außerschulischer Lernort« Natur und Umwelt u. a. für Schulklassen erlebbar machen, findet man hier die Jugendkunstschule. Zahlreiche Veranstaltungen zu Kultur, Musik und Kunst, aber auch diverse grüne Märkte runden das Angebot ab. Ein bisschen Geschichte gibt es im Botanischen Obstgarten auch, denn überall im Grünen findet man Gartenhäuschen und Lauben aus den verschiedensten Epochen, das älteste immerhin aus dem Jahr 1530, die meist aus dem Heilbronner Land zusammengetragen wurden. Heilbronn-Nord • Im Breitenloch/ Ecke Kübelstraße • Bus: Schickhardtstraße • www.botanischer-obstgarten. de • April–Sept. tgl. 8–20, Okt.–März tgl. 9–17 Uhr

WEGZEITEN IN MINUTEN (ZU FUSS) ZWISCHEN WICHTIGEN SEHENSWÜRDIGKEITEN

	Alter Friedhof	experimenta	Käthchenstatue	Kilianskirche	Neckarbogen	Rathaus	Trappensee	Villenviertel	Waldheide	Wartberg
Alter Friedhof	–	16	15	10	25	10	25	12	45	30
experimenta	16	–	5	5	10	5	40	20	60	40
Käthchenstatue	15	5	–	3	15	3	35	15	75	45
Kilianskirche	10	5	3	–	15	2	35	15	75	45
Neckarbogen	25	10	15	15	–	15	50	30	80	50
Rathaus	10	5	3	2	15	–	35	15	75	40
Trappensee	25	40	35	35	50	35	–	20	30	50
Villenviertel	12	20	15	15	30	15	20	–	55	45
Waldheide	45	60	75	75	80	75	30	55	–	75
Wartberg	30	40	45	45	50	40	50	45	75	–

🍃 BUGA-Gelände   D 3

40 ha Grünflächen und Wasser umfasst das Bundesgartenschaugelände für die BUGA 2019. Das Areal östlich der Innenstadt rund um den Fruchtschuppen war einst zu großen Teilen eine Industriebrache. Schon die Funde während der Grabungsarbeiten hatten es in sich: Ganze 13 t Kampfmittel aus dem Zweiten Weltkrieg etwa, aber auch herrlich Skurriles wie einen Tresor und einen 35 m langen Schiffsbug samt Anker holten die Arbeiter aus der Erde.

Neben der viel diskutierten Stadtausstellung (siehe Neckarbogen, S. 73) umfasst das Ausstellungsgelände wie immer große Parkanlagen, die größtenteils am Alten Neckar und am Neckarkanal angelegt wurden. Wie so viele BUGA-Anlagen in Deutschland wird sie mit der Zeit eher dazugewinnen und damit auch nach der BUGA 2019 sehenswert sein. Zu den öffentlichen Daueranlagen gehören der Karlssee, der Floßhafen, der Seepark, der Ost-West-Grünzug, der Neckaruferpark im Zukunftspark Wohlgelegen, der Campuspark und der Neckarpark samt Kraneninsel.

Innenstadt • zwischen Altem Neckar und Neckarkanal

Burg Horkheim   südl. B 6

Die Burg Horkheim liegt mitten im Ort – und gehörte trotzdem lange Zeit gar nicht wirklich dazu, denn Rittergut und Dorf Horkheim hatten seit Anfang des 16. Jh. unterschiedliche Lehnsherren: Während das Rittergut kurpfälzisch war und blieb, wurde das Dorf 1504 württembergisch. Alt ist die Burg allemal, bereits 1344 wurde sie erstmals offiziell erwähnt. Im 16. Jh. wurde sie mehrfach um- und ausgebaut. Im 17. Jh.

begannen die damaligen Bewohner vermehrt Juden aufzunehmen – dies übrigens gegen den Willen der Württemberger, die jedoch auf der Burg keine Einspruchsmöglichkeiten hatten. Die Schutzjuden der Burgherrschaft – teils bis zu 90 Menschen – richteten im Wohnturm der Burg eine 1725 erstmals erwähnte Synagoge ein, die bis ins 19. Jh. genutzt wurde. Auch heute sind dort im ersten Stockwerk noch hebräische Inschriften zu sehen, wie beispielsweise ein Gebetstext. Im Jahr 2002 wurden die Inschriften auf dem mürben Putz durch das Landesdenkmalamt notgesichert.

1832 ordnete man die Horkheimer Juden der israelischen Gemeinde Sontheim zu, und sie errichteten 1859 in der Schlossgasse 5 eine neue Synagoge. Diese wurde jedoch Ende des 19. Jh. wieder in Wohnraum verwandelt, denn die meisten Horkheimer Juden zog es nun in die Stadt. Die Burg ging derweil in Privatbesitz über, in dem sie bis heute verblieb, sodass das Ensemble nur von außen besichtigt werden kann.

Horkheim • Schlossgasse • Bus: Kelter

Cäcilienbrunnen   F 6

Stößt man bei einem Spaziergang über die Felder am Rande Heilbronns auf den Cäcilienbrunnen, mag es den Besucher erst einmal verwundern, im »Nichts« eine so große Anlage vorzufinden. Doch das Steinhaus am Ackerrand war einst einer der wichtigsten Brunnen der Stadt und blieb es bis in die Neuzeit. Das Brunnenhaus selbst stammt aus dem Jahr 1589, wurde aber in der jüngsten Zeit umfassend restauriert. Ursprünglich fanden hier die Hüter

Gärtnerisches Kleinod und Blumenduft am Fuße des Wartbergs: der Botanische Obstgarten (▶ S. 58) mit seinen liebevoll restaurierten Gartenpavillons.

der Weinberge Unterschlupf. Gleichzeitig bedeckte das Haus aber auch eine Quelle, die das Wasser durch unterirdische Holzrohre bis zum Fleinertorbrunnen leitete. Von dort wurde es auf sechs öffentliche Brunnen und 30 Zisternen reicher Haushalte verteilt. Bis zu Beginn des 19. Jh. blieb der Cäcilienbrunnen der wichtigste der Stadt. Erst als im Böllingertal und Kühnbachtal neue Quellen erschlossen wurden und einige Zeit später auch ein Pumpwerk gebaut wurde, verlor der Brunnen zunehmend an Bedeutung.

Südstadt • Cäcilienbrunnenstraße • Bus: Winzerstraße

Correll's'che Hammerschmiede

▶ Widmannstal, S. 68

Deutschhof   E 4

Viele historische Gebäude im Unterland sind mit dem Deutschorden verbunden, so auch der Deutschhof im Zentrum der Stadt. Gegründet wurde der Orden im Jahr 1190 in Palästina während des Dritten Kreuzzugs – ursprünglich eine Bruderschaft zur Krankenpflege (wer unterwegs erkrankte oder verwundet wurde, hatte in der Tat ein gewaltiges Problem). Doch schon 1198 wurde er zum Ritterorden erhoben – und wuchs in den nächsten Jahren und Jahrzehnten erheblich. Eine regelrechte Verwaltung wurde eingerichtet: Sogenannte Kommenden als unterste Einheit wurden zu Ballei zusammengefasst. Irgendwann zwischen 1225 und 1250 ließ sich der Deutschorden auch in Heilbronn nieder. Der Deutschhof war der Sitz dieser Kommende und blieb es bis 1805, wobei das Areal innerhalb der Reichsstadt immer ein eigenes Herrschaftsgebiet blieb, also quasi eine Enklave. Im Verlauf der Zeit wurde das Gelände wiederholt ausgebaut, so beispielsweise zu Beginn des 18. Jh., als eine barocke Flügelanlage hinzugefügt wurde und damit der großräumige Innenhof entstand.

Auch das **Deutschordensmünster St. Peter und Paul** ist Teil der Anlage. Es geht auf die romanische Kirche St. Marien zurück, die ab 1225 entstand und heute noch als Turmunterbau in der kleinen Kapelle existiert. Im 14. Jh. wurde direkt daneben als Anschluss ein gotischer Neubau errichtet, der große gotische Chor kam von 1490 bis 1510 dazu.

Von 1721 bis 1725 wurde die Kirche barockisiert. Logischerweise gehörte auch üppiger Stuck im Inneren zu den Plänen – und in dieser Hinsicht war den Bauherren das Glück hold, denn wegen einer Bauunterbrechung am Ludwigsburger Schloss 1723 beschäftigungslos geworden, kamen der oberitalienische Maler Luca Antonio Colomba und Franz Josef Roth, der bedeutendste Stuckateur des Deutschen Ordens, nach Heilbronn. Das Ergebnis konnte sich sehen lassen, wurde aber größtenteils im Zweiten Weltkrieg zerstört. Auffällig sind die vielen Eingangstüren der Kirche, die nicht alle ebendig liegen und wohl aus verschiedenen Bauepochen stammen.

Mit der napoleonischen Neuordnung und Säkularisierung 1803 fiel nicht nur die über Jahrhunderte selbstständige Reichsstadt Heilbronn an Württemberg, sondern auch der Deutschhof. Die nächsten 50 Jahre wurde er als Kaserne genutzt, später auch als Gerichtshof. Nach dem Zweiten Weltkrieg wurde er wieder originalgetreu aufgebaut. Heute ist hier das Stadtarchiv zu Hause, dazu gesellen sich die Heilbronner Mu-

Vom Brunnenhaus des Cäcilienbrunnens (▶ S. 60) am südöstlichen Rand von Heilbronn verlief ab 1588 eine wichtige Wasserversorgungsleitung in die Stadt.

seen, das Haus der Stadtgeschichte und die Volkshochschule.
Innenstadt • Deutschhofstraße/ Kirchhofstraße • S-Bahn: Rathaus

Deutschordensschloss
Kirchhausen   🔖 Klappe Vorne

Das ehemalige Wasserschloss des Deutschen Ordens – der Wassergraben ist seit Langem trockengelegt – wurde in den Jahren 1572 bis 1578 im Stil der Renaissance erbaut. Doch auch zuvor muss es an dieser Stelle einen Vorgängerbau gegeben haben, denn der südöstliche Eckturm scheint auf einen älteren Turm aufgebaut worden zu sein, und unter der heutigen kleinen Parkanlage neben der Burg befinden sich Reste eines älteren Burgfundaments.

Sicher ist: Das heutige Gebäude wurde vom Deutschorden-Hochmeister Heinrich von Bobenhausen in Auftrag gegeben. Eventuell wurde es vom Weinsberger Baumeister Thomas Knoll ausgeführt, dessen Steinmetzzeichen auf dem Schlussstein des Torbogens zu finden ist. Anderen Quellen zufolge hatte dieser den Vorgängerbau ausgeführt. Die zwei Türme wurden für ganz verschiedene Zwecke genutzt: Zuerst als Verteidigungstürme gedacht, wurde daraus zeitweise ein Strohlager, dann eine Arrest- und Schlafzelle für reisende Handwerker. Zum Anwesen gehörten auch ein Wirtschaftshof samt Kelter und eine Zehntscheune. Letztere ist heute noch erhalten und dient, komplett renoviert, auf der anderen Seite des Schlossplatzes für lokale Veranstaltungen.

Im Lauf der Jahrhunderte wurde das Schloss mehrmals erweitert und blieb bis 1808 Sitz des Amtmanns, 1833 kaufte es schließlich die Gemeinde. Zeitweise als Schule genutzt, findet man hier heute das Bürgeramt. Allerdings: So schön sich das Gebäude von außen präsentiert, im Inneren wurde es 1965 vollständig entkernt und modernisiert.
Kirchhausen • Schlossplatz 2 • Bus: Schlossplatz

Direktorenvilla der Brauerei Cluss
🔖 D 4

Der zweigeschossige Sandsteinbau von Theodor Moosbrugger ist ein schönes Exemplar der Historismus-Architektur der Jahrhundertwende. Doch das Haus gewinnt an Interesse, wenn man einen Blick auf die Geschichte seiner Erbauer wirft: 1865 gründeten August Cluss, Louis Brüggemann und Andreas Faißt in Heilbronn die Brauerei Cluss – mit großem Erfolg, denn ihre Firma wuchs in der Folge stetig.

35 Jahre später war das Unternehmen auf jeden Fall wohlhabend genug, um sich nicht nur verschiedene kleine Brauereien einzuverleiben, sondern auch eine Malzfabrik zu kaufen – und sich diesen repräsentativen Bau zu leisten, der als Direktorenvilla diente. Neben allerhand Verzierungen ließ man über dem Hauptportal im Rundbogengiebel den Kopf des Biergotts Gambrinus einmeißeln – passend für einen Eigentümer, der quasi in derselben Branche tätig war.

Die Brauerei selbst gibt es übrigens nicht mehr – heute ist dort ein Pflegeheim untergebracht –, denn im Jahr 1982 übernahm die Brauerei Dinkelacker die Aktienmehrheit, und die Produktion in Heilbronn wurde eingestellt, obwohl die Biermarke bestehen blieb und als »lokales Bier mit Heilbronner Wurzeln« beworben wird. Auch die anderen

Gebäude der Brauerei am Rosenberg existieren heute nicht mehr.
Innenstadt • Cäcilienstr. 3 • Bus: Cäcilienstraße West

Ehrenhalle E 4

Tritt man zwischen dem eigentlichen Rathaus und dem Neubau in den Innenhof, stößt man auf das ehemalige Stadtarchiv. Das Gebäude wurde im Jahr 1765 im Rokokostil konzipiert. Neben der opulenten Fassade ist das Bauwerk auch wegen seiner Ausstellung im Inneren den Besuch wert. Anhand dreier Stadtmodelle werden die Zerstörungen der Kernstadt während des alliierten Luftangriffs vom 4. Dezember 1944 anschaulich dokumentiert.
Innenstadt • Marktplatz • S-Bahn: Rathaus

Fleischhaus E 4

Der Renaissancebau wurde im Jahr 1600 nach den Vorgaben des Baumeisters Hans Stefan im Stil des Manierismus errichtet. Im Erdgeschoss wurde Vieh geschlachtet – daher der Name, im oberen Geschoss tagte das Gericht. Außerdem wurden hier Hochzeiten und andere Feste gefeiert, vor allem weil es sich um eines der wenigen Steinhäuser handelte und große Feiern in den hölzernen Fachwerkhäusern schlicht nicht erlaubt waren: Zu groß war die Gefahr, dass ein unbedachter oder betrunkener Gast ein Feuer auslöste. 1879 war Schluss mit dem Fleischmarkt. Fortan kamen hier das Historische und das Naturhistorische Museum unter. Nachdem beide 2009 in den Deutschhof umgezogen waren, kehrte das Fleischhaus wieder zu seinen kulinarischen Wurzeln zurück, seither serviert dort das Lokal Pfeffer (▶ S. 30)

seine Spezialitäten. Heute trifft man hier vor allem Heilbronner bei der Mittagspause oder einer gemütlichen Auszeit. Die oberen Etagen werden als Büroräume genutzt.
Innenstadt • Kramstr. 1 • S-Bahn: Rathaus

🌿 Frankenbacher Schotter
Klappe vone

Steile Lösswände, Tümpel und ein See bilden dieses natürliche Biotop, eine ehemalige Sand- und Kiesgrube, die in den 1990er-Jahren aufgegeben wurde. Seit 2001 ist sie als Teilfläche des Natura-2000-Gebiets »Leintal« als Schutzgebiet ausgewiesen. Dies aus vielerlei Gründen: Zum einen finden sich auf dem 14,4 ha großen Gelände viele seltene Tiere, wie beispielsweise diverse Kröten- und Unkenarten, viele Arten von Wildbienen, Schmetterlinge, aber auch Molche und seltene Vögel wie Rohrammer und Teichrohrsänger, sogar Eisvögel gibt es hier.
Aber auch aus geowissenschaftlicher Sicht ist dieses Gebiet interessant, denn schon während des laufenden Betriebs stießen die Arbeiter immer wieder auf Fossilien, von denen viele heute in den Städtischen Museen und im Staatlichen Museum für Naturkunde in Stuttgart lagern. Die an den Steilhängen aufgeschlossenen Schichten reichen bis in die Zeit vor 600 000 Jahren. Großen Andrang muss man hier zu keiner Zeit befürchten, liegt doch der Eingang recht versteckt vor den Toren des Ortsteils Frankenbach.
Frankenbach • Zugang zur Aussichtsplattform über die Leintalstraße kurz hinter dem Motocross-Gelände • Bus: Leintalstraße (dann 20 Min. Fußweg)

Götzenturm D/E 4

Der Turm am südwestlichen Ende der ehemaligen mittelalterlichen Stadtmauer direkt am Neckar war früher als »viereckiger Turm« und »Neuturm« bekannt, da er 1392 als letzter der Türme erbaut wurde. Seinen heutigen Namen erhielt er durch eine Verwechslung: Götz von Berlichingen soll 1519 hier eingesessen haben (de facto hatte er eine Nacht im Bollwerksturm ausgeharrt), und so lässt auch Johann Wolfgang von Goethe im »Götz von Berlichingen« den Götz vor diesem Turm sterben. Von historischen Fakten unberührt, blieb der Name haften. Besonders auffällig ist der Turm dank der Skulptur an der Spitze: Das Werk »Über dem Abgrund« von Hubertus von der Goltz wurde 1985 anlässlich der Eröffnung des Skulpturenwegs angebracht.

Innenstadt • S-Bahn: Neckarturm

Hafenmarktturm E 4

Einst stand an dieser Stelle ein ganzes Kloster der Franziskaner aus dem Jahr 1314, das jedoch 1544 aufgelöst wurde, nachdem Heilbronn vorwiegend evangelisch geworden war. Einige Jahrzehnte wurde der Turm daraufhin als protestantische Kirche genutzt. 1688 schließlich brannten französische Truppen im Pfälzischen Erbfolgekrieg das Kloster nieder. Zwar gelang es, mit Spenden der Bürger wieder einen Teil aufzubauen, aber eben nur den Turm, der 1727 fertiggestellt wurde. Ab 1800 produzierte der Kaufmann Marchthaler hier Schrotkugeln, bis der Bau 1929 in eine Gedenkstätte für die Gefallenen des Ersten Weltkriegs verwandelt wurde.

Den Turmabschluss bildet heute ein Phönix aus der Asche, als Symbol für das Wiederaufstehen der Stadt nach

Seit 1985 balanciert ein Scheibenmensch auf dem Götzenturm (▶ S. 65). Die Skulptur »Über dem Abgrund« schuf der Berliner Künstler Hubertus von der Goltz.

Heilbronns Theaterschiff (▸ S. 45) hat seinen ständigen Liegeplatz vor dem Marrahaus an der Friedrich-Ebert-Brücke. Pro Jahr sind dort rund 150 Vorstellungen zu sehen.

dem verheerenden Luftangriff am 4. Dezember 1944. Auch das Innere erinnert mit seinem Gefallenenehrenmal, gestaltet von Paul Bonatz, an den Zweiten Weltkrieg. Es wurde im Jahr 1964 eingeweiht.

Sogar akustisch bleibt der Fliegerangriff präsent, denn um 19.20 Uhr (zum Zeitpunkt des Luftangriffs am 4. Dezember 1944) ertönt »Kein schöner Land«, um 10.55 Uhr (zum Zeitpunkt der Luftangriffe am 10. September 1944) ist das Glocken-spiel abwechselnd mit den fünf Volksliedern »Kein schöner Land«, »Am Neckar, am Neckar«, »Jetzt gang I ans Brünnle«, »Wenn alle Brünnlein fließen« und »Am Brunnen vor dem Tore« zu hören.

Der Name bezieht sich übrigens nicht auf den Heilbronner Hafen, den es ja auch gibt, sondern den örtlichen Ausdruck »Hafen« für Topf bzw. auf den Töpfermarkt, der an dieser Stelle bis zum Zweiten Weltkrieg abgehalten wurde.

Innenstadt • Sülmer Straße/Ecke Hafenmarktpassage • S-Bahn: Harmonie • den Schlüssel zur Besichtigung des Turms gibt es gegen Pfand in der Tourist-Information Mo–Fr 10–18, Sa 10–16 und am Wochenende im Otto-Rettenmaier-Haus 10–17 Uhr

Hagenbucher   E 3

Vor lauter Begeisterung über den Science Park experimenta gerät ganz in den Hintergrund, dass das wuchtige Eisenbetongebäude auf der Kraneninsel natürlich auch eine Geschichte hat. Gebaut wurde es im Jahr 1936 von Carl Hagenbucher – nicht um Besuchern Wissen zu vermitteln, sondern um Ölsaaten zu lagern. Da diese extrem schwer sind, musste das Gebäude besonders tragfähig sein. Und auch die Lage am Fluss ist kein Zufall, denn der Neckar wurde in der frühen Industrialisierung als Mühlenantrieb gebraucht. In der Kaiserzeit gehörte die Firma Hagenbucher zu den größten Ölproduzenten Deutschlands. Bis 1988 diente der Hagenbucher als Lagergebäude, fand danach eine neue Bestimmung als Kulturstätte und wurde 2009 schließlich zur experimenta umgestaltet.
Innenstadt • Kranenstraße • S-Bahn: Neckarturm • Details siehe experimenta, S. 90

Hauptbahnhof   D 4

Kann ein solches Gebäude eine Sehenswürdigkeit sein? In gewisser Weise ja, auch wenn man sich in Heilbronn einig ist: Schön ist er nicht! Bereits im Jahr 1958, als der neue Hauptbahnhof eröffnet wurde, nannte man ihn im Volk ob seiner Schlichtheit unter der Hand »Zigarrenkiste«. Anfangs sollten Lichtbänder das Vordach des Bahnhofs modern beleuchten, allerdings waren sie wohl zu wartungsaufwendig und wurden nach einiger Zeit wieder entfernt. Ansonsten bescheinigte man dem Bahnhof eine »schlichte und elegante Architektur«. Generell brachte er den Willen der Stadt zum Ausdruck, nach dem Zweiten Weltkrieg neu durchzustarten, modern und effizient zu sein. Immerhin steht er mittlerweile als typisches 1950er-Gebäude unter Denkmalschutz. Besser also, die Heilbronner gewöhnen sich daran. Gut möglich, dass er noch weitere 60 Jahre steht. Sehenswert sind – ganz ohne Ironie – die Buntglasfenster der Empfangshalle von Friedrich Knödler sowie die Buntglaswerbung für die Cluss-Biere zwischen Bahnhofshalle und der Unterführung zu den Gleisen.
Innenstadt • Willy-Brandt-Platz • S-Bahn: Hauptbahnhof

Historischer Industriepark Widmannstal   Klappe vorne

Genau genommen handelt es sich dabei um zwei Sehenswürdigkeiten: die **Correll'sche Hammerschmiede** und das **Pumpwerk Widmannstal**, die aber auf einem gemeinsamen Gelände liegen. Tragisch und auch ein bisschen geheimnisvoll ist die Geschichte, die hinter dem Pumpwerk Widmannstal steckt: Im Jahr 1829 konstruiert der in Heilbronn geborene Dreher und Erfinder Johann Jakob Widmann die erste deutsche Papiermaschine für Endlospapier, eine Weiterentwicklung der englischen Vorbilder. Leider gelingt es ihm nicht, diese Erfindung selbst erfolgreich zu vermarkten, sodass er sie dem Heilbronner Papierfabrikanten Gustav Schaeuffelen für einen geringen Betrag überlässt. Ein Patent meldet er nicht an – was sich als großer Fehler erweisen sollte, denn die Erfindung wird erst einmal Schaeuffelen zugeschrieben, der schnell zum größten deutschen Papierfabrikanten avanciert und selbst Maschinen nach der Widmannschen Konstruktionsart herstellt, ohne dass der Erfinder daran beteiligt gewesen wäre. Widmanns folgender Versuch, sich als Papierfabrikant auf just diesem Gelände am Leinbach zu etablieren, war letztlich ebenfalls zum Scheitern verurteilt. Nach seinem Bankrott im Jahr 1848 wandert er nach Amerika aus – und verschwindet zwei Jahre später ohne jede Spur. Auch von seiner Frau und den elf Kindern, die ihm wenig später folgen, hat man nie wieder etwas gehört.

Das Gebäude von Widmann jedoch blieb als Papierfabrik bestehen und beherbergte von 1904 bis 1972 die erste Pumpstation für die Wasserversorgung von Frankenbach.

Gleich nebenan liegt die **Corell'sche Hammerschmiede**. Der ursprüngliche Komplex wurde 1883 erbaut und blieb bis zum Jahr 1967 in Betrieb. In harter Handarbeit schmiedete August Corell hier landwirtschaftliche Geräte. Einzig die bis zu drei Zentner schweren, vom Leinbach betriebenen Hammer, die in der Werkstatt auf den Amboss donnerten, boten Erleichterung. Als der letzte Besitzer in Ruhestand ging, musste das mittlerweile baufällige Gebäude abgerissen werden. Das überaus sehenswerte Innenleben jedoch bekam einige hundert Meter weiter im historischen Industriepark eine neue Heimat. Die gesamte Anlage ist nach wie vor funktionsfähig und wird hier und da zu Schauzwecken für Grup-

pen in Betrieb genommen – nur der Antrieb erfolgt mittlerweile über einen Elektromotor.

Heilbronn-Frankenbach • Widmannstr. 25 • Bus: Palmstraße • im Rahmen von gelegentlichen Führungen begehbar (Kontakt: Stadtwerke Heilbronn GmbH, Tel. 56 25 99)

Inselspitze mit Hase   E 4

Den Treppenabgang zur Inselspitze der Bleichinsel mitten auf der Friedrich-Ebert-Brücke kann man eigentlich nicht übersehen, denn unmittelbar nebenan steht der »Erfolgreiche Hase« des Bildhauers Heinrich Brummack (Kunstfreunde kennen den Künstler von der Documenta 8 im Jahr 1987). Er angelt hier auf der Friedrich-Ebert-Brücke seit 2010 – und hat schon manches erlebt. 2015 wurde der 30 kg schwere Hase »generalüberholt« und mit einer längeren Angelrute versehen. Das Kunstwerk war in den Jahren zuvor mehrfach beschädigt worden. Fünfmal allein wurde der Fisch geklaut, darunter zwei Exemplare, die der Künstler aus Stacheldraht geformt hatte. Um dem Kunstraub ein Ende zu setzen, versprach Brummack eine Amnestie: Wer einen geklauten Fisch in die Städtischen Museen zurückbringe, der solle ein (legales) Kunstwerk aus seinem Atelier erhalten. Die einzige Bedingung: Der Täter müsse verraten, warum er den Fisch gestohlen habe. Auch die Museen sicherten zu, keine strafrechtliche Verfolgung anzustrengen. Die Inselspitze selbst wurde lange von einer Galerie belegt, dann diente sie als Ausstellungsort für die BUGA-Pläne. Zum Beginn der BUGA soll hier nun die 7 m hohe Skulptur »One Man House« des Künstlers Thomas

Der Alte Friedhof (▸ MERIAN TopTen, S. 57) Heilbronns wurde mit seinem alten Baumbestand bereits im 19. Jh. zum Park umgestaltet und ist ganzjährig zugänglich.

Schütte entstehen und mindestens zwei Jahre bleiben. Tagsüber ist das Kunstwerk mit einer Grundfläche von 3 m mal 4,5 m frei zugänglich.
Innenstadt • unter der Friedrich-Ebert-Brücke • S-Bahn: Neckarturm

Jüdischer Friedhof   G 2

1867 wurde ein Friedhof der jüdischen Gemeinde Heilbronn im Breitenloch am Fuß des Wartbergs angelegt. Bis heute werden – mit Unterbrechungen von 1942–1960 und 1967–1998 – hier jüdische Bürger begraben. Neben den Grabsteinen findet der Besucher diverse Gedenksteine für die Gefallenen des Ersten Weltkriegs und die Opfer des NS-Regimes 1933–1945. Einst gehörte auch eine Friedhofshalle zum Areal, die jedoch 1938 bei den Pogromen niedergebrannte und nicht ersetzt wurde. Um die Gräber zu schützen, ist der Friedhof nicht frei zugänglich,

sondern nur am Volkstrauertag für die Allgemeinheit geöffnet.
Wartberg • Kübelstr. 7 (Eingang Ecke Erlenbacher Straße, Im Breitenloch) • Bus: Schickhardtstraße • geöffnet am Volkstrauertag im August

Jüdischer Friedhof Sontheim

südwestl. C 6

Heilbronn und Sontheim waren lange Zeit getrennte jüdische Gemeinden, sodass sie jeweils einen eigenen Friedhof besaßen. Dieser wurde 1841 in Gemeinschaft mit den Juden von Talheim und Horkheim angelegt und 1912 noch einmal erheblich erweitert. Die idyllische Lage an der Schozach ist der simplen Tatsache geschuldet, dass jüdische Gemeinden häufig nur Land erhielten, das für die christlichen Gemeinden nicht landwirtschaftlich nutzbar war. Die Friedhofshalle aus dem Jahr 1845 wurde 1938 ebenfalls von Nazi-Horden niederge-

brannt, und auch viele der Metallverzierungen an den Gräbern wurden während des Dritten Reichs für die Altmetallsammlungen gestohlen. Die verbliebenen Gräber sind oft beschädigt. Seit 1943 wurde hier niemand mehr beigesetzt. Der Friedhof ist, wie so viele jüdische Begräbnisstätten, nicht frei begehbar. Doch auch vom Weg aus hat der Betrachter einen guten Blick über die Anlage.
Sontheim • An der Schozach • Bus: Gutedel (dann 20 Min. Fußweg) • gegen Vorlage eines Personalausweises oder Passes kann man den Schlüssel im Büro des Oberbürgermeisters ausleihen (Rathaus, Marktplatz 7)

Käthchenhaus   E 4

Da es kein wirkliches Käthchen gibt, kann es natürlich auch kein Käthchenhaus geben. Aber wer will schon pingelig sein? Das gotische Steinhaus am Marktplatz stammt aus dem 14. Jh. und wurde früher von dem Heilbronner Reformator Johannes Lachmann bewohnt. Dieser ließ auch 1534 den Renaissanceerker von Hans Schweiner, dem Baumeister der Kilianskirche, mit Bildern der Propheten Jesaja, Jeremias, Hosea und Habakuk gestalten. Seinen Namen verdankt das Haus natürlich der Titelheldin von Heinrich von Kleists Drama »Käthchen von Heilbronn«. Zwar gibt es keinen direkten Zusammenhang zwischen der fiktiven Figur des Heinrich von Kleist und diesem Haus, doch da zunehmend Besucher nach dem Wohnort des Käthchens fragten, wurde in Heilbronn schnellstens ein Haus gefunden, das natürlich gut zugänglich und hübsch sein musste. Schon damals war den Heilbronnern klar, was für eine wunderbare PR-Vorlage

diese Figur war! 1834 wurde es erstmals so in einem Reiseführer benannt: Hier habe sich das Käthchen aus dem Fenster gestürzt, nachdem Graf Wetter von Strahl sie auf die Stirn geküsst hatte – und der Name blieb. Sehenswert ist das Haus allemal, und man darf annehmen, dass das Käthchen, hätte es sie gegeben, sicher gerne darin gewohnt hätte.
Innenstadt • Marktplatz/Rathausgasse 5 • S-Bahn: Rathaus

⭐ Käthchenstatue   E 4

Gäbe es so etwas wie eine Heilbronner Symbolfigur, dann wäre es natürlich das Käthchen. Die weibliche Gestalt aus dem Schauspiel »Käthchen von Heilbronn« ist praktisch überall in der Stadt zu finden, als kleines handliches Figürchen in Geschäften, als Namensgeber diverser Backwaren (»Käthchenzopf«) oder als Namensgeber für Schnaps. Ein »echtes« Vorbild gibt es nicht, die Figur war eine reine Erfindung von Kleist.
1810 war das Stück uraufgeführt worden, wurde aber erst nach einer Überarbeitung 1840 wirklich beliebt. Seither ist die Figur allgegenwärtig. Logisch, dass auch eine Statue hermusste. 1963 ließ die Stadt Heilbronn den lokalen Bildhauer Dieter Läpple eine Figur entwerfen. Ein Käthchen-Brunnen sollte es werden. Freilich konnte das Ergebnis die Heilbronner nicht überzeugen, sodass es sogar mehrmals zu Anschlägen kam, bei denen die Täter versuchten, die Statue zu zerstören. Dies gelang offensichtlich nicht, denn das Käthchen steht noch immer – nur ohne Wasser, denn der Brunnen wurde Anfang der 1990er-Jahre wieder entfernt.
Innenstadt • Fischergasse/Ecke Obere Neckarstraße • S-Bahn: Rathaus

⭐ Kilianskirche   E 4

Lange suchen muss man sie nicht: Die Kilianskirche steht nicht nur mitten in der Stadt, sie dominiert mit ihrem gewaltigen Bau auch die Umgebung. So groß ist sie, dass die wenigsten den Kopf in den Nacken legen, um die Verzierungen näher in Augenschein zu nehmen: Den Pfarrer mit gespaltener Zunge, die Figur, die dem Vordermann den nackten Hintern küsst, Kleriker mit raubtierartigen Vorderbeinen, Flügeln und dem Hinterteil eines Skorpions, auch ein Affe in Mönchskutte ist dabei. Die Gründe für diese ungewöhnlichen »Drolerien« sind historischer Natur: Die ältesten Teile der Kilianskirche gehen auf das 13. Jh. zurück, doch im Lauf der Jahrhunderte wurde die Kirche immer wieder erweitert und mit neuen Elementen versehen. 1270 und 1278 wurden Nord- und Südturm gebaut,

1447–1455 erfolgte der Umbau zur gotischen Hallenkirche, der dreischiffige Hallenchor stammt aus den Jahren 1480–1487 und war für die Region geradezu revolutionär. Wer einen Blick auf den Baumeister werfen möchte: Er hat sich selbst als einer der Träger der Wendeltreppe am Sakramentshäuschen verewigt.

Eine der wichtigsten Veränderungen war jedoch der achteckige Turm. Er wurde 1508–1529 zur Zeit der Bauernkriege als erstes bedeutendes sakrales Bauwerk der Renaissance nördlich der Alpen errichtet. Der Klerus stand im Volk nicht gerade hoch im Kurs, galt als korrupt und ausbeuterisch. Kein Wunder, dass der Baumeister Hans Schweiner diese Strömung aufgriff und sich ein wenig über die Kirche lustig machte: Nicht der Kirche, sondern dem Glauben wollte er huldigen. Etwas gewagt war das wohl trotzdem, und so dürfte er

Ein skurriler Wasserspeier reckt seinen Kopf vom Turm der Kilianskirche (▶ MERIAN TopTen, S. 71). Das Figurenprogramm des Gotteshauses ist wahrlich spektakulär.

froh gewesen sein, als die Reformation von 1517 Heilbronn in eine evangelische Stadt verwandelte und die Kilianskirche in ein protestantisches Gotteshaus. 1529 wurde der Turm nicht wie sonst üblich mit einem Kreuz, sondern mit dem Landsknecht, dem »Männle«, gekrönt.

Im Rahmen von besonderen Führungen, die man in der Tourist-Info erfragen kann, wird der Besuch des Turms auf 35 m Höhe angeboten. Am Fuße des Oktogons des Westturms, wo einst die Türmerwohnung lag, findet sich ein Selbstbildnis des

Der Schnitzaltar der Kilianskirche (▶ MERIAN TopTen, S. 71) aus Lindenholz wurde 1498 vollendet.

Hans Schweiner.
Im Inneren wartet ein weiterer Schatz: der Hochaltar von Hans Seyfer aus dem Jahr 1498. Die Arbeit aus Lindenholz gilt als wahres Kunstwerk der spätgotischen Plastik und ist definitiv einen ausführlichen Blick

wert, denn jede Figur ist mit einem individuellen Gesicht gestaltet. Dass man sie heute noch betrachten kann, ist der findigen Idee zu verdanken, sie zusammen mit den Flügeltüren während des Zweiten Weltkriegs in einem Stollen des Salzbergwerks Kochendorf zu lagern. Dadurch schaffte es der Altar sogar zu Ruhm auf der Leinwand, denn die Geschichte wurde 2014 in dem Film »Monuments Men« mit George Clooney verfilmt.
Wer den Klängen der Orgel mit ihren 62 Registern und 4209 Pfeifen lauschen möchte, kann samstags um 11 Uhr vorbeischauen: Dann erklingt sie im Programm »Orgelkonzert zur Marktzeit« eine halbe Stunde lang.
Innenstadt • Kaiserstr. 38 • S-Bahn: Rathaus • www.gemeinde.heilbronn-kilianskirche.elk-wue.de • Nov.–Feb. 9.30–16, März–Okt. 9.30–18 Uhr

Kutscherhaus   📖 D 4

Spaziert man vom Götzenturm ein wenig den Neckar entlang, fällt gleich linker Hand ein gelbes Gebäude auf: Das Kutscherhaus von Georg Friedrich Rund ist das letzte Überbleibsel einer der ersten Fabriken Heilbronns. Gründer G. F. Rund war ein umtriebiger Geschäftsmann, der sich im 18. Jh. erfolgreich als Spediteur, Eisenschmelzer und Betreiber einer Ölmühle betätigte.
Sein Kapital ermöglichte es den Enkeln, das Unternehmen 1801 um eine Bleiweißfabrik auf dem Rosenberg (so der Name des Hügels neben dem Neckar) zu erweitern, die bald auch Essig und Bleizucker produzierte. Bis 1979 wurde auf diesem Gelände unter anderem Essig hergestellt. Dann übernahm Rund den Konkurrenten Lindenmeyer und verlagerte die Produktion in den

📷 FotoTipp

BLICK ÜBERS HÄUSERMEER

Die schönste Sicht auf den Turm der Türme Heilbronns – den Kiliansturm – genießt man vom Hafenmarktturm in der Sülmerstraße aus.   ▶ S. 66

Norden Heilbronns. Heute ist das Gelände eine Grünfläche – mit eben jenem Kutscherhaus. Große Tontöpfe vor der Eingangstür des privat genutzten Hauses erinnern heute noch an die Essigproduktion.
Innenstadt • Rollwaagstraße gegenüber der Oberen Neckarstraße • Bus: Rosenberg

Laubenganghaus   🏚 D 4

Auf den ersten Blick sieht der Klinkerbau in der Bahnhofsvorstadt aus wie ein Wohnhaus unter vielen. Doch was heute auf den Betrachter ganz alltäglich wirkt, war in den 1930ern noch ein höchst fortschrittliches Konzept: Möglichst viele Menschen auf engem Raum sollten hier leben, jedoch mit ausreichend Licht und Grün, mit Platz zum Atmen. Der Architekt Gustav Knortz entwarf also nach dem Vorbild von Walter Gropius ein sogenanntes Laubenganghaus, dessen Außengänge den Platz für Treppen minimierten und für helle Wohnungen sorgten. Das Haus im Bauhausstil gilt als eines der ersten Beispiele des sozialen Wohnungsbaus der Stadt und wäre in den 1980ern beinahe abgerissen worden, da es sich in verwahrlostem Zustand befand. Nach Protesten wurde es renoviert und ist heute als Kulturdenkmal geschützt.
Innenstadt • Olgastr. 84 • Bus: Karlsruher Straße

Meyle-Stein   🏚 F 2

Einfach wäre es, daran vorbeizulaufen: Der sogenannte Meyle-Stein wurde recht unauffällig in die rechte Mauer am Beginn des Hohlwegs an der Wartbergsteige eingelassen. Bleibt man freilich stehen und liest die Inschrift in schönster Schreibschrift, ahnt man schnell, dass hier ein höchst unzufriedener Mensch seinen Unmut kundgetan hat. 1952 meißelte ein städtischer Angestellter im Tiefbauamt den kernigen Satz »Leck mich am Arsch« in den Stein. Doch warum? Kurz zuvor hatte er einem Weinbauern bei der Anlage einer Weinbergtreppe geholfen, der ihm dafür wiederum einige Flaschen Wein versprach, sich aber hinterher nicht an die Abmachung hielt. Einen Vertrag, den er hätte einklagen können, hatte der städtische Mitarbeiter nicht, und so revanchierte er sich auf innovative Art. Ganz unbemerkt blieb der Stein wohl nicht, denn drei Jahre später ließ der damalige Oberbürgermeister Paul Meyle die Replik anbringen »Wart no a Weile! Oberbürgermeister Meyle« – und zwar von just jenem »Künstler«, der schon den ersten Spruch eingemeißelt hatte. Zur Beschwichtigung bekam er noch einige Flaschen Wein dazu.
Heilbronn-Ost • Wartbergsteige • Bus: Wartbergsteige

⭐ Neckarbogen   🏚 D 3

Das brandneue Stadtviertel von rund 3 ha Größe ist in vielerlei Hinsicht geradezu revolutionär. Zum einen wird die Bundesgartenschau mit diesem Viertel 2019 erstmals in der Geschichte eine Stadtausstellung beinhalten. Rund um die 22 neuen Gebäude soll sich das neue Stück Stadt auf dem ehemaligen Areal des

Fruchtschuppens, einem Güterumschlagsareal mit Flusshafen und Güterbahnhof, und von 2020 an um den Floßhafen herum ausbreiten. 3500 Menschen sollen dort bis 2040 wohnen, 1000 ihren Arbeitsplatz haben. Ökologische Aspekte und Nachhaltigkeit spielen eine große Rolle: Neue Baustoffe, begrünte Fassaden und intelligente Energieversorgung. Wegweisend soll »Skaio« sein – das bislang höchste Holzhaus Deutschlands. 34 m bzw. zehn Stockwerke schraubt es sich in die Höhe. Gut, Brandschutz und Statik setzten gewisse Grenzen, sodass nicht das komplette Haus aus Holz gebaut ist, aber dennoch setzt »Skaio« in Sachen Nachhaltigkeit Maßstäbe.
Innenstadt • Viertel nördl. des Hauptbahnhofs, Zufahrt über die Bleichinselbrücke im Osten oder die Hafenstraße im Westen. • S-Bahn: Hauptbahnhof und Wohlgelegen

Neckaruferpark   D 2
Der neue Park am westlichen Ufer des Neckars ist Teil der Bundesgartenschau. Ein breiter, 600 m langer Steg aus Bongossi-Holz (eine besonders harte Sorte aus Westafrika) führt vom Sandstrand des Karlsees am Wasser entlang zu den verschiedenen Bereichen wie dem Buchenplatz oder dem Hafenplatz samt Beachvolleyballfeld. Auch nach der BUGA bleibt er natürlich erhalten.
Heilbronn-Nord • Zukunftspark Wohlgelegen • Bus: Zukunftspark-Ost

Nikolaikirche   E 3
Von Touristen wird die Nikolaikirche meist übersehen – vielleicht weil sie von außen eher schlicht wirkt. Doch gerade das ist ein Indiz für ihr hohes Alter. Das Gotteshaus wurde wahrscheinlich im 14. Jh. erbaut und 1525 in die erste protestantische Kirche der Stadt verwandelt. Im Lauf der Jahrhunderte wurde sie jedoch nicht nur als Kirche genutzt, sondern nacheinander auch als Zeughaus, Militärhospital, Holzlager und Turnhalle. Erst 1851 besann man sich wieder auf die sakralen Ursprünge des Gebäudes und verwandelte es nach einer umfassenden Renovierung wieder in eine Kirche.
Innenstadt • Sülmerstr. 72 • S-Bahn: Berliner Platz Ost

6 Rathaus mit astronomischer Kunstuhr   E 4
Mit seinen Arkaden und der Freitreppe ist das im gotischen Stil erbaute Rathaus aus dem Jahr 1417 ein echtes Wahrzeichen der Stadt. Freilich hat es sich seither stark verändert. Im 16. Jh. ließ man es durch den Baumeister Hans Kurz im Renaissancestil erneuern und erweitern. Wer einen Blick auf den Erbauer Hans Kurz werfen will, muss ein Stückchen unterhalb der astronomischen Uhr schauen, wo er sein Selbstbildnis hinterlassen hat. Auf seinen Schultern trägt er das Rathaus. Ende des 16. Jh. wurde es noch einmal im Renaissancestil erweitert. Reste des Steinhauses sind an der östlichen Außenwand zu erkennen.
Auch die kleinen Details sind einen zweiten Blick wert. Die 6,5 m lange Bank unter der Freitreppe beispielsweise, mit ihrer heute nur noch schwer entzifferbaren Inschrift: »Der lengste Stein bin ich bekannt/Zu Hailbronn das Wortzeichen genant/ An leng drei Zol zwanzig vier schuh/ An brait und dick zwey schuh ich thu/ Bun auch zur zürd hieher gelait/un den Wechtern zum sitzen ich bereit«.

Das Schmuckstück des Heilbronner Marktplatzes ist das Rathaus mit der astronomischen Kunstuhr (▸ MERIAN TopTen, S. 74) und ihren beweglichen Figuren.

Gleich daneben befindet sich der Eingang zum Gewölbe, dem heutigen Restaurant **Ratskeller** (▸ S. 30). An diesem Ort mussten bis zum Beginn des 19. Jh. alle durchreisenden Kaufleute, die ihre Waren über den Neckar transportieren wollten, diese den Heilbronnern einige Tage zum Vorverkauf anbieten.

Wie fast alle Gebäude der Innenstadt wurde auch das Rathaus im Zweiten Weltkrieg 1944 zerstört, in den Jahren 1950 bis 1953 aber wieder originalgetreu aufgebaut, in der Folgezeit kamen vier weitere um einen Innenhof gruppierte Neubauten hinzu.

Die wirkliche Attraktion des Rathauses ist jedoch nicht das Gebäude selbst, sondern die **Kunstuhr** mit ihrer astronomischen Uhr und der Mondphasenuhr von Isaak Habrecht aus Schaffhausen, der auch die Kunstuhr am Straßburger Münster schuf. 1579–1580 wurde sie konstruiert und galt als wahres Wunderwerk – bis heute ist die Uhr in Betrieb, und das obwohl sie schon 430 Jahre auf dem Buckel hat! Es lohnt sich also, zu den Zeiten vorbeizuschauen, an denen die Figuren in Aktion sind. Jeweils um 8, 12, 16 und 20 Uhr bläst der Engel Jaköble die Posaune und sein Partner, der Gottfriedle, bewegt das Zepter zum Glockenschlag und dreht das Stundenglas um. Gleichzeitig stoßen die beiden goldenen Widder die Köpfe zusammen, und der Hahn kräht und flattert.

Innenstadt • Marktplatz • S-Bahn: Rathaus

Robert-Mayer-Statue   E 4

Ein bisschen verloren sitzt er auf dem Marktplatz und schaut ein wenig muffig in die Welt – aus gutem Grund! Der Heilbronner Arzt und

Das Schießhaus (▶ S. 77) blieb von den Zerstörungen des Zweiten Weltkriegs verschont. Der Rokokosaal im Obergeschoss ist mit schönen Stuckaturen ausgestattet.

Forscher Robert Mayer mag heute unangefochten als Begründer des Satzes von der Erhaltung der Energie gelten, doch er musste lange darum kämpfen, dass ihm diese Erkenntnis auch wirklich zugesprochen wurde. Während seiner Tätigkeit als Schiffsarzt auf einem holländischen Segler nach Südostasien entwickelte er die Idee vom »Erhaltungssatz der Kraft«. Seine Versuche, die Erkenntnisse in dem wissenschaftlichen Magazin »Annalen der Physik und Chemie« drucken zu lassen, scheiterten jedoch, genauso wie weitere Bestrebungen, diese in der wissenschaftlichen Welt zu verbreiten. Schließlich ließ er seine Abhandlungen auf eigene Kosten drucken – und stieß auf Ablehnung, ja sogar Hohn. Als auch andere Forscher sich dem Thema »Energie« zuwandten, teils Mayers Erkenntnisse zugesprochen

bekamen und zudem noch zwei seiner Kinder starben, unternahm er 1848 einen Selbstmordversuch und musste wiederholt in die Nervenklinik eingewiesen werden. Mayer genas nur langsam, doch unterdessen geschah, was er längst nicht mehr zu hoffen gewagt hatte: Seine Theorien setzten sich durch und fanden nun doch noch Anerkennung. Als er 1878 starb, war er wissenschaftlich voll etabliert. Sein Grab ist übrigens heute noch auf dem Alten Friedhof (MERIAN TopTen, S. 57) zu finden. Innenstadt • Marktplatz • S-Bahn: Rathaus

Römisches Kastell   C 3

Viel ist von der römischen Geschichte in Heilbronn nicht mehr zu sehen. Am römischen Kastell in Böckingen jedoch kann man sich mit ein bisschen Fantasie vorstellen, wie ein römisches Militärlager ausgesehen haben könnte. Zudem wurden hier etliche Funde geborgen, die in den städtischen Museen im Heilbronner Deutschhof zu sehen sind.

Das Kohortenkastell wurde wohl in der ersten Hälfte des 2. Jh. n. Chr. betrieben und war Teil der Sicherung und Überwachung an der Neckarlinie des Neckar-Odenwald-Limes. Die noch vorhandenen Fundamente stammen von der Porta principalis sinistra, also dem linken Tor. Insgesamt soll das Lager rund 150 × 133 m groß und zum Neckar hin ausgerichtet gewesen sein. Verlassen wurde es aus einem einfachen Grund: Mitte des 2. Jh. wurde der Limes verlegt, sodass es keinen Grund mehr gab, ausgerechnet an diesem Ort Soldaten zur Verteidigung zu stationieren.
Böckingen • östl. Ende der Steinäckerstraße • Bus: Landwehrstraße-Ost

Schießhaus 📖 D 4

1769 bis 1771 wurde der verspielte Bau von Johann Christoph Keller, dem Baumeister des Deutschordens, errichtet. Als einer von wenigen überstand er den Zweiten Weltkrieg und steht heute ein bisschen verloren zwischen dem Bahnhofsparkplatz und Neubauten da. Der Name des Schießhauses kommt nicht von ungefähr: Im Garten des Hauses wetteiferten früher die Scheibenschützen miteinander. Im Inneren wartet einer der schönsten Säle der Stadt, der Rokokosaal. Damals wie heute dient der prächtig ausgeschmückte Saal für Veranstaltungen und Konzerte, er ist also nur auf Einladung zugänglich. Wer die Gelegenheit hat, sollte sie jedoch unbedingt nutzen.
Innenstadt • Frankfurter Str. 65 • S-Bahn: Hauptbahnhof

🔟 ⭐ MERIAN Tipp

SPAZIERGANG DURCH DEN SCHILFSANDSTEINBRUCH
📖 östl. H 4

Wo sich heute das Naturschutzgebiet erstreckt, wurde einst der heiß begehrte weiche Sandstein gebrochen, der an vielen bekannten Gebäuden Europas zu finden ist, darunter der Kölner Dom. Das idyllische Feuchtbiotop lässt sich in einer Dreiviertelstunde gemütlich durchqueren.   ▸ S. 17

Schloss Klingenberg 📖 südwestl. A 6

Das Schloss, das sich malerisch über den Ort Klingenberg (seit 1970 Teil Heilbronns) erhebt, blickt auf eine wechselvolle Geschichte zurück: Erstmals erwähnt im 13. Jh., wurde die Burg 1360 wieder zerstört, wohl weil es sich um eine Raubritterburg handelte. Die Überreste wurden als Steinbruch genutzt, wahrscheinlich wurden sie teils zum Aufbau des Götzenturms (▸ S. 65) verwendet, was sich freilich nicht belegen lässt. Sicher ist, dass Kaiser Karl IV. 1361 den Wiederaufbau der Burg ausdrücklich untersagte. Zu Beginn des 15. Jh. ging das Land an Eberhard von Neipperg, der wohl recht zügig mit der Ausgestaltung einer Burg begann, die wiederum viele Änderungen erfuhr.

Das heutige Schlösschen stammt allerdings aus dem 17. Jh. und war der Hauptsitz der Familien von Neipperg, bis 1702 das Schloss in Schwaigern ▸ Ausflug, S. 108) gebaut wurde. Als Privatgebäude kann das Anwesen leider nicht besichtigt werden, ist aber in Klingenberg definitiv präsent und bietet auch von Weitem einen schönen Anblick.

Klingenberg • Schlossweg 36 •
Bus: Schlossweg

Siebenröhrenbrunnen   📖 E 4

Direkt an der Kilianskirche, rechts
vom Haupteingang, liegt der Siebenröhrenbrunnen. Ihm ist wahrscheinlich die Existenz Heilbronns an dieser Stelle zu verdanken, denn der
Name »Helibrunna«, also heiliger
oder heilender Brunnen, bezieht sich
auf diese gefasste Quelle. Ab dem
8. Jh. versorgte sie die Siedlung mit
Wasser. Im Jahr 1541 wurde sie vom
Steinmetz Balthasar Wolff in der
heutigen Form mit sieben wasser-
speienden Röhren neu gefasst.

Lange Zeit sprudelte das Wasser in
großen Mengen, bis zu 14 l pro Se-
kunde soll der Brunnen gegeben haben, das (so will es die Legende) so
hochwertig war, dass es den an der
Gicht leidenden Kaiser Karl V. tem-
porär während eines Heilbronn-Auf-
enthalts 1546 von seinen Leiden be-
freite. Zu Beginn des 19. Jh. wurden
jedoch immer mehr Brunnen in der
Umgebung gebohrt, nicht zuletzt,
weil durch die Industrialisierung der
Wasserbedarf stieg. Dadurch sank
der Grundwasserspiegel, und die
Wassermenge nahm zusehends ab.

1857 war vollends Schluss, und der
Brunnen war nutzlos geworden. 1868
wurde er abgerissen. Schnell schienen die Heilbronner diesen Schritt zu
bereuen: 1904 besann man sich auf
den historischen Wert und errichtete
auf Anregung des Stadtarztes Alfred
Schliz den Brunnen nach altem Vorbild wieder neu, sein Wasser jedoch
stammt nicht mehr aus einer Quelle.
Dank seiner Lage an der Kirche wird
er auch Kirchbrunnen genannt.
Innenstadt • Kiliansplatz • S-Bahn:
Rathaus

Theresienturm   📖 C 4

Schön ist er nicht, aber auffällig –
und unzerstörbar. Oder zumindest
so standhaft, dass es viel Arbeit bereitet hätte, ihn zu sprengen. Der di-
cke, 28 m hohe Turm an der Theresienwiese wurde 1940 gebaut, um als
Hochbunker Schutz vor Luftangrif-
fen der Alliierten zu bieten. Dies übrigens nicht nur den Tausenden von
Menschen, die hier beim verheerenden alliierten Angriff des Jahres 1944
Platz fanden (ursprünglich war er
für 300 Personen ausgelegt), sondern auch für die Eisenbahnanlagen
und Neckarbrücken. Der Turm aus
Sandstein und Eisenbeton war daher
mit einer Flakanlage ausgestattet.
Leider ist er nur selten im Rahmen
von Sonderführungen geöffnet.

Problematisch schien der Stadt auch
der Name, denn der Turm wurde ursprünglich nach dem Weltkriegsoffi-
zier Walther Wever benannt. 2016
beschloss man, ihn offiziell in »The-
resienturm« umzubenennen. Bis sich
die neue Regelung in der Bevölkerung durchsetzt, könnte es dauern,
hartnäckig hält sich die (falsche) In-
formation, Wever sei ein amerikanischer Militär gewesen und der Name
daher eine Nachkriegsschöpfung.
Innenstadt • Theresienwiese • Bus:
Theresienwiese • Termine der seltenen Öffnungen bitte bei der Tourist-
Info erfragen

Trappenseeschloss   📖 östl. H 4

So idyllisch zeigt sich Heilbronn selten: An schönen Tagen spiegelt sich
das Trappenseeschlösschen im Wasser des Trappensees, das ihn umgibt.
1575 bis 1576 wurde es von Bürgermeister Philipp Orth als Renais-
sanceschloss gebaut. Mitte des 17. Jh.
gelangte es in den Besitz der Familie

Trapp – daran erinnern heute noch der Name des Sees und des Schlosses. Seine heutige Form jedoch erhielt es von dem in Heilbronn geborenen niederländischen Admiral und Diplomaten Heinrich August von Kinckel, der es 1784 barockisieren ließ, wie es der damaligen Mode entsprach. Bis 2017 wurde der Bau als Kunstauktionshaus genutzt, derzeit steht er jedoch leer. Den besten Blick darauf hat man übrigens vom Trappensee-Biergarten am Rand des Pfühlparks – wenn es gelingt, eine der Liegen am See zu ergattern.
Heilbronn-Ost • Jägerhausstr. 159 • S-Bahn: Trappensee

Villa Schliz   F 5

Das Gebäude samt benachbartem Kutscherhaus aus dem Jahr 1901 war eines der wenigen Jugendstilhäuser Heilbronns, das den Zweiten Weltkrieg fast unbeschadet überstand. Ursprünglich wurde es als Sommerhaus des Arztes Alfred Schliz (1849–1915) gebaut. Besonders bemerkenswert ist der Frauenkopf an der Front des Haupthauses, die »Sigilgaita«. Es handelt sich dabei um die Kopie einer Büste aus dem Dom von Ravello nahe Amalfi aus dem Jahr 1272.

Dass ausgerechnet ein so klassisches Motiv die Fassade ziert, ist kein Zufall. Alfred Schliz war nicht nur Stadtarzt, sondern auch passionierter Archäologe, der sich um die Geschichtsforschung der Stadt sowie die Archäologie allgemein verdient gemacht hatte. 1947 sollte das Haus entkernt werden, um 16 Wohnungen darin einzurichten, was jedoch vom Bauamt glücklicherweise verhindert wurde. Das opulente Grab von Alfred Schliz befindet sich übrigens nur wenige Gehminuten weiter auf dem

Im Osten der Stadt erstreckt sich der Trappensee mit seinem romantischen Schlösschen (▶ S. 78). Von hier zweigen schöne Wanderwege ins Köpfertal ab.

Hauptfriedhof, kurz hinter dem Eingang am Daucherweg.
Heilbronn-Ost • Alexanderstr. 53 •
Bus: Friedhof

Villenviertel
▶ Spaziergänge und Ausflüge, S. 96

⭐ Waldheide   📙 östl. H 4
Für die meisten Besucher ist die
Waldheide einfach nur ein schönes
Stück Natur vor den Toren der Stadt,
das sich ideal für einen kleinen Spaziergang eignet. Das 52 ha große
Areal ist zum Teil als Naturdenkmal
ausgewiesen und erfreut biologisch
interessierte Spaziergänger mit einer
Vielfalt von Tieren und Pflanzen,
darunter auch seltene Arten wie die
Gelbbauchunke und die Kleine Binsenjungfer, eine Libellenart.
Wer genau hinschaut, entdeckt jedoch ganz zwangsläufig menschliche Spuren: Metallpoller ragen hier

und da aus dem Boden, verfallene
Mauern und Treppen, die ins Nichts
führen, ein verlassener Flugzeughangar. In der Tat steht die Waldheide erst seit gut 25 Jahren als Naherholungsgebiet zur Verfügung.
In der Vergangenheit diente sie als
Weideland, bis im 19. Jh. das Militär den Ort als Exerzierplatz nutzte.
Nach dem Ersten Weltkrieg überließ
man sie der Natur, nur um unter den
Nationalsozialisten wieder zum Aufmarschgelände erklärt zu werden.
Nach dem Zweiten Weltkrieg übernahm die US Army das Gebiet, vor
allem, um Munition zu lagern, darunter ab 1977 auch atomare Raketen
und ab 1984 die sogenannten Pershing II – und das direkt vor der
Stadt! Lange war das kein Problem,
aus dem einfachen Grund, weil die
Heilbronner nichts davon wussten.
Im Januar 1985 freilich kam es beinahe zur Katastrophe, als sich bei

Das ganze Jahr über werden auf dem Wartberg (▶ MERIAN TopTen, S. 81) geführte
Weinerlebnisführungen veranstaltet – Weinverkostung und kleiner Imbiss inklusive.

📷 FotoTipp

HEILBRONN IN BUNT

Im Herbst färben sich die Weinberge in sattes Gelb und Knallrot. Weil die Färbung von der Rebsorte abhängig ist, ergeben sich dabei bunte Karomuster an den Hängen der Weinberge. Ein tolles Motiv, als Makro genauso wie als Landschaftsaufnahme. ▶ S. 81

Montagearbeiten der erste Stufenmotor einer Pershing-II-Rakete entzündete und ausbrannte. Drei Soldaten starben bei diesem Unfall, und um ein Haar wäre es zur ganz großen Katastrophe gekommen, denn nur 250 m weiter lagerten gefechtsbereite Pershing-Raketen, die bei einem größeren Brand wohl die gesamte Stadt verseucht hätten. Nachfragen des Gemeinderats bei der US Army wurden heruntergespielt. Auch die Forderung, man möge die gefährliche Basis so nahe bei der Stadt schließen, stieß auf taube Ohren.

In den folgenden Wochen und Monaten kam es zu Demonstrationen mit Tausenden von Teilnehmern. Zahlreiche Gemeinden untersagten der US Army den Transport atomarer Raketen durch ihr Hoheitsgebiet. All dies gab der damals noch kleinen Friedensbewegung enormen Aufwind. Aus einer Randgruppe wurde schließlich eine breite Bewegung – die im Grunde in Heilbronn ihren Anfang genommen hatte.

Heilbronn-Ost • Stadtwald, an der K 9550 • Bus: Waldheide

8️⃣ Wartberg   📷 G/H 1

Manche Stadt hat ihren Hausberg, und der 313 m hohe Wartberg erfüllt diese Funktion ganz vortrefflich.

Zum einen, weil er wirklich leicht zu erreichen ist – mit ein wenig Ausdauer kann man ihn sogar aus der Innenstadt heraus erwandern – zum anderen, weil er den Besucher mit einem herrlichen Blick belohnt, selbst bei diesigem Wetter. Einen Turm hat er natürlich auch, den **Wartturm**. Dieser wurde im Mittelalter als Wachturm errichtet, diente aber auch als eine Art öffentliche Uhr: Morgens wurde eine große Kugel bis an die Spitze gezogen, um den Weinbergarbeitern den Arbeitsbeginn zu signalisieren. Wenn sie abends wieder herabgelassen wurde, war es Zeit, nach Hause zu gehen. Zu Heilbronns großem Glück schaute auch Johann Wolfgang Goethe am 28. August 1797 vorbei und hinterließ die charmanten Zeilen »alles was man übersieht ist fruchtbar«, die heute auf einer Platte an der Aussichtsplattform zu lesen sind und oft in Sachen Marketing genutzt werden.

Das **Restaurant** auf dem Wartberg kann ebenfalls auf eine lange Geschichte zurückblicken: Bereits zur Mitte des 18. Jh. gab es hier einen Ausschank, 1792 wurde das Restaurant errichtet. Das heutige Gebäude jedoch stammt aus dem Jahr 1846 und wurde im Lauf der Jahre immer wieder umgestaltet.

Wartberg • Bus: Wartberg

Wasserturm   📷 B 5

Wer hätte gedacht, dass man auch einen Wasserturm im expressionistischen Stil errichten kann? Das Wahrzeichen des Stadtteils Böckingen wurde 1929 gebaut, um die Wasserversorgung des größten und ältesten Stadtteils Heilbronns zu verbessern. Es ist 38 m hoch, mit einer verspielten Turmkrone, und kann

500 m³ Wasser fassen. Das Innere besteht aus einem eher seltenen Durchlauf-Hochbehälter mit einem gemauerten Wasserbehälter – normalerweise werden hier Stahlgefäße verwendet. Ein Großteil des Wassers stammt vom höher gelegenen Heuchelberg in 7 km Entfernung. Aufgrund des Gefälles benötigt der Turm keine Pumpanlage. Das Innere des Bauwerks ist nicht zu besichtigen, bei einem Besuch des nahegelegenen Ziegeleiparks lohnt jedoch der kleine Umweg. Besonders schön präsentiert sich der Turm in den Wintermonaten aus dem Park, wobei er sich über die Lösswand erhebt.
Böckingen • Theodor-Zimmermann-Str. 18 • Bus: Schuchmannstraße

Wengerthäuschen   H 2

Würde man so etwas wie ein typisches Haus für die Region ausloben, die Wahl fiele wahrscheinlich nicht auf eine imposante Villa, sondern auf ein Wengerthäuschen. Überall dort, wo Wein angebaut wird, gibt es sie – beispielsweise am Wartberg. Irgendwo müssen ja die Werkzeuge lagern und die Arbeiter Pause machen. Besonders im 18. und 19. Jh. war es unter den wohlhabenden Heilbronnern geradezu in Mode gekommen, sich ein Wengerthäuschen bzw. Belvedere zu leisten und dort auch Gäste zu empfangen. Ein besonders beeindruckendes Exemplar ist das **Tschernig's'che Haus** unterhalb des Wartbergs, das von Weitem eher an eine Miniatur-Kathedrale erinnert denn an ein Wengerthäuschen. Ein ebenfalls schönes Beispiel ist das »Schilling«, das mittlerweile ein halbes Jahrhundert alt ist.
Wartberg • Bus: Wartberg oder Wartbergsteige

Wichernkirche   F 4

So klein und einfach wirkt die Wichernkirche von außen, dass auch der Laie ahnt: Das ist keine »normale« Kirche. In der Tat wurde sie als Teil des »Notkirchenprogramms« gebaut und sollte die zerstörte Friedenskirche ersetzen. Zusammen mit dem Hilfswerk der evangelischen Kirchen entwickelte der Architekt Otto Bartning (1883–1959) ein Baukastensystem aus vorgefertigten Elementen, die die Gemeinden vor Ort dann selbst zusammensetzten. Die erforderlichen Holzteile wurden dabei von Gemeinden aus den USA oder Schweden gestiftet. Für die Mauern verwendeten die Gemeinden Backsteine aus dem Trümmerschutt. In gerade einmal sieben Monaten wurde die Wichernkirche 1948 errichtet – neben all den anderen Aufräumarbeiten, die anfielen! Insgesamt 47 Kirchen wurden in der Nachkriegszeit auf diese Art erstellt. Wie lange sie als Gotteshäuser dienen sollten, war damals noch nicht klar. Die Wichernkirche wird jedenfalls noch länger bleiben, denn seit 1992 steht sie unter Denkmalschutz.
Innenstadt • Bismarckstr. 71 • S-Bahn: Moltkestraße

Wilhelmsbau   E 4

Heilbronn war nicht nur Vorreiter in Sachen Industrialisierung, auch in puncto Eisenbahn war man sich in der Stadt schnell sicher: Eine Anbindung kann nur von Vorteil sein. In den 1840er-Jahren wurden diverse Streckenführungen diskutiert, darunter auch eine, die den Süden der Stadt durchqueren sollte. Logisch, dass just diese Ecke für die Stadtplaner – in Heilbronn gab es mit dem Stadtbaumeister Ludwig de Millas

ein solches Amt bereits – von besonderem Interesse war. Der Architekt Heinrich Cluss (1792–1857) ließ daher 1846 ein wuchtiges Gebäude im Stil des Klassizismus errichten. Obwohl er einen hervorragenden Draht zur Stadtplanung besaß (seine Tochter war mit de Millas verheiratet), war er wohl ein wenig vorschnell, denn letztlich wurde die heute noch existierende Bahnstrecke gewählt. Böse Zungen behaupteten gar, Cluss habe hier das Bahnhofshotel unterbringen wollen, was jedoch nicht bewiesen ist. Noch ein ganzes Stück erfolgreicher war übrigens sein Sohn Adolf Cluss, der Mitte des 19. Jh. in die USA auswanderte und einen Großteil der dortigen öffentlichen Bauten entwarf. Logisch, dass man in seiner Heimat Heilbronn sogar eine Brücke nach ihm benannte. Der Wilhelmsbau, der seinen Namen durch die Lage an der Ecke zur Wilhelmstraße erhielt, kam dennoch kurz zu lokalem Ruhm, als er nach dem Zweiten Weltkrieg das Büro des Oberbürgermeisters beherbergte.
Innenstadt • Cäcilienstr. 45 • Bus: Cäcilienstraße West

Wilhelmskanal   D 3

Heute ist der kleine Kanal, den man von der Friedrich-Ebert-Brücke aus sieht (blickt man in Richtung Insel-Hotel, ist er der westlichste der drei Wasserwege), ein ruhiges Gewässer, auf dem nur hier und da Sportboote und Kanus zu sehen sind. Und doch bedeutete der Bau des Wilhelmskanals 1819–1821 eine gewaltige Veränderung im Wirtschaftsleben Heilbronns. Die Gründe dafür liegen viele Jahrhunderte zurück: 1333 verlieh Kaiser Ludwig IV. der Stadt das »Privileg der Neckarnutzung«. Fortan war es den Heilbronnern erlaubt, den Fluss zu stauen und umzuleiten, sodass zahlreiche Mühlen betrieben werden konnten. Für die Schifffahrt war der Neckar damit freilich blockiert, sodass alle Händler ihre Waren vor der Stadt abladen und ans andere Ende der Stadt bringen lassen mussten, wo sie weiterverschifft wurden. Gleichzeitig verlangte die Stadt für ihre Bürger eine Art Vorkaufsrecht: Alle Transitwaren mussten drei Tage im Rathaus »gestapelt« werden, sodass die Heilbronner bei Gefallen zugreifen konnten. Alternativ konnten sich die Händler gegen Zölle freikaufen. Kein Wunder, dass Heilbronn schnell zu einer wohlhabenden Stadt wurde. Vor allem dem umliegenden Württemberg war dieses Arrangement ein Dorn im Auge!

Mit der politischen Neuordnung Südwestdeutschlands 1803 durch Napoleon verlor die Stadt ihren Status als unabhängige Reichsstadt und fiel an Württemberg. Sofort machten sich die neuen Machthaber daran, den Neckar wieder schiffbar zu machen. Mit dem Wilhelmskanal, benannt nach König Wilhelm, umgingen sie die Stauwehre und Mühlen – und eine wichtige Einnahmequelle der Stadt versiegte quasi über Nacht. Kein Wunder, dass Heilbronn die Industrialisierung mit offenen Armen empfing! Der Wilhelmskanal ist heute übrigens ein Jachthafen und verfügt über die letzte handbetriebene Schleuse am Neckar. Wer sich per Kanu, Kajak oder einem anderen eigenen Boot auf den Weg macht, kann sie ausprobieren, der Weg durch die Schleuse dauert rund zehn Minuten.
Innenstadt • Friedrich-Ebert-Brücke bis nordwestliche Spitze der Bleichinsel • Bus: Kurt-Schumacher-Platz

Museen und Galerien

Absoluter Höhepunkt ist natürlich die experimenta. Doch nicht nur in Heilbronn selbst, auch in den umliegenden Orten warten spannende Museen auf den Besucher.

◄ Heilbronns Haus der Stadtgeschichte (▶ S. 87) befindet sich im städtischen Archivgebäude im Deutschhof (▶ S. 61).

In der Heilbronner Museumslandschaft ist in den letzten Jahren viel Neues passiert. Mit der Kunsthalle Vogelmann und dem Haus der Stadtgeschichte wurden 2010 und 2012 gleich zwei neue Häuser für Besucher eröffnet. Vor allem die ansprechende Dauerausstellung des Hauses der Stadtgeschichte hilft dabei, die Region in ihrem geschichtlichen Zusammenhang zu sehen.

Das absolute Glanzstück Heilbronns ist das **experimenta Science Center**, dass in Europa seinesgleichen sucht. Bereits bei der Eröffnung 2009 galt das Wissenschaftsmuseum als eines der besten des Kontinents, 2018 wurde es erneut umfassend vergrößert. Gleich neben dem Ursprungsbau, dem Hagenbucher Getreidespeicher, entstand ein futuristischer Neubau, der im Frühjahr 2019 die Pforten öffnet und dessen interaktive Exponate Menschen jeder Altersklasse einen spannenden Zugang zu wissenschaftlichen Fragen gewähren. Aber auch im Umland der Stadt finden sich lohnenswerte Ziele, wie das Technikmuseum Sinsheim oder das Deutsche Zweirad- und NSU-Museum in Neckarsulm. Einen Museumsspass oder Vergleichbares gibt es für Heilbronn nicht – die städtischen Museen sind meist ohnehin gratis.

Audi-Forum Neckarsulm

🏛 Klappe vorne

Die 12 000-m²-Autowelt ist eine Mischung aus Ausstellung, Verkaufsraum und Konferenzgebäude. Während im Erdgeschoss die Neuwagen an Abholer übergeben werden und die aktuellsten Modelle zu bestaunen sind, ist im ersten Stock die Kundenbetreuung samt Audi-Shop untergebracht. Im zweiten Stock findet der Besucher die Markenausstellung mit historischen Modellen aus der NSU- (die 1969 von den Audi-Werken übernommen wurde) und Audi-Fabrikation. Für Auto-Fans besonders spannend sind jedoch die Führungen durch die Produktion (u. a. Audi R8!), für die man sich im Voraus auf der Webseite anmelden muss.

Neckarsulm • NSU-Str. 1 • Bus: Audi-Forum • www.audi.com/foren/de/audi-forum-neckarsulm.html • Mo–Fr 8–18, Sa 8–14 Uhr • Eintritt 7 €, Kinder 3,50 €

Deutsches Zweirad- und NSU-Museum

🏛 Klappe vorne

Einen Abriss der Entwicklung der zweirädrigen Gefährte vermittelt das Museum im alten Deutschordensschloss. Mit über 400 Exponaten ist das deutsche Zweirad- und NSU-Museum dabei die größte historische Sammlung von Zweirädern in Deutschland. Von der Drais'schen Laufmaschine über das erste Benzin-Motorrad der Welt bis zum modernen Sportbike sind alle Etappen dabei, wobei die Exponate liebevoll im passenden zeitgeschichtlichen Stil arrangiert sind. Dass auch intensiv auf die Krafträder von NSU eingegangen wird, in den 1950er-Jahren der größte Motorradhersteller der Welt, ist kein Zufall, stammt NSU doch aus Neckarsulm, und auch die Abkürzung bezieht sich auf den Heimatort der Motorenwerke.

Neckarsulm • Urbanstr. 11 • Bus: www.zweirad-museum.de • Di–So, feiertags 10–17 Uhr • Eintritt 6 €, Schüler 3 €

Historisches Museum im Steinhaus

📖 Klappe vorne

Mitten in der Kaiserpfalz von Bad Wimpfen gelegen, ist schon der Weg ins Museum eine Sehenswürdigkeit. Das Gebäude, Deutschlands größter romanischer Wohnbau, beherbergte zur Stauferzeit wohl die Frauengemächer. Im Inneren wartet im Erdgeschoss eine Sammlung römischer Exponate, in den oberen Geschossen gewährt das Museum dem Besucher Einblicke in die Epoche der Staufer.

Bad Wimpfen • Burgviertel • S-Bahn: Bad Wimpfen • Ostern– 2. Wochenende im Okt. Di–So 10– 12, 14–16.30 Uhr • Eintritt 2,50 €, Kinder (6–16 J.) 1,50 €

Kleist-Archiv Sembdner

E 3

Eine regelrechte Autoren-Huldigungsstätte ist das Kleist-Archiv, allerdings mit nur wenigen öffentlich zugänglichen Exponaten. Das wirklich Hervorragende sieht man erst einmal nicht: Die enorme Sammlung an Literatur von und über Heinrich von Kleist. Dass das Kleist-Archiv ausgerechnet in Heilbronn steht, ist geradezu logisch: Mit dem Schauspiel »Das Käthchen von Heilbronn oder die Feuerprobe« (Uraufführung 1810) hat der Dichter Heinrich von Kleist (1777–1811) die Stadt Heilbronn international bekannt gemacht und ihr auch gleich eine wunderbare Marketingvorlage beschert, die die Stadt zu nutzen wusste. Ursprünglich handelt es sich bei dem Archiv um eine private Initiative, die Sammlung des Kleist-Forschers und Herausgebers Prof. Dr. Helmut Sembdner (1914–1997). Wer einen Blick in den Bestand werfen will, ist auf der Webseite www.kleist.org richtig. Vor dem Archiv, in der dritten Etage des K3,

Die Kunsthalle Vogelmann (▸ S. 87) ist ein architektonischer Blickfang. Sie wird vom Heilbronner Kunstverein und den Städtischen Museen Heilbronn betrieben.

gibt es eine kleine Ausstellung zum Durchlaufen, die einen Blick lohnt, wenn man gerade in der Gegend ist. Innenstadt • Berliner Platz 12 (im Theaterforum K3, 2. OG) • S-Bahn: Theater • www.kleist.org • geöffnet nach Anfrage

Künstlerbund Heilbronn   F 3

In der Galerie des Künstlerbundes »Kunstetage K55« (für Karlstr. 55) finden wechselnde Gruppen- und Einzelausstellungen von Mitgliedern des Künstlerbundes und anderen Künstlervereinigungen statt. Innenstadt • Karlstr. 55 • S-Bahn: Harmonie • www.kbheilbronn.de • Di, Do 15–18, So 14–18 Uhr • Eintritt frei

Kunsthalle Vogelmann   E 4

Die futuristische Kunsthalle gleich neben der Harmonie kuratiert im Jahr vier Wechselausstellungen, meist zu Themen der klassischen Moderne oder der Kunst der Gegenwart auf insgesamt 800 m² Ausstellungsfläche. Darüber hinaus stehen auch Künstlergespräche, Führungen und Workshops auf dem Programm. Innenstadt • Allee 28 • S-Bahn: Harmonie • www.museen-heilbronn.de/kunsthalle • Di, Mi, Fr 11–17, Do 11–19, Sa, So 11–17 Uhr • Eintritt 7 €, Familienkarte 14 €

Lapidarium   D 4

Man muss es gleich sagen: Das Lapidarium ist nur selten geöffnet, doch an den wenigen Tagen, an denen es zugänglich ist, bieten sich dem Besucher seltene Anblicke. Alles, was derzeit in keinem Museum unterkommt und dennoch unbedingt wert ist, aufgehoben zu werden, landet hier: Figuren der Kilianskirche, die aus unbekannten Gründen im Rathaus standen, alte Grabsteine, Inschriften und Statuen … Die meisten Stücke sind, wie der Name schon sagt, aus Stein. Schnell mal umräumen kann man das Lapidarium daher nicht: Kaum eines der hier gelagerten Stücke lässt sich per Hand bewegen. Innenstadt • Alter Milchhof, Frankfurter Str. 75 • S-Bahn: Hauptbahnhof • https://stadtarchiv.heilbronn.de/ausstellungen/lapidarium.html • Öffnungszeiten beim Stadtarchiv erfragen • Eintritt frei

Mojäk Galerie   D 4

Die kleine Bar Jäkbar mit der Ein-Raum-Galerie Mojäk besticht mit abwechslungsreichen Ausstellungen. Innenstadt • Frankfurter Str. 36 • S-Bahn: Hauptbahnhof • http://mojäk-galerie.com • Mi, Do 17–23, Fr, Sa 17–24 Uhr • Eintritt frei

Otto-Rettenmaier-Haus – Haus der Stadtgeschichte   E 4

2012 wurde das Archivgebäude zum »Haus der Stadtgeschichte« und nach dem Spender Otto Rettenmaier benannt. Seither beherbergt der Bau im Erdgeschoss die sehr informative und kurzweilig gestaltete Dauerausstellung »Heilbronn historisch! Menschen, Plätze, Geschichten« zur Stadtgeschichte vom Frühmittelalter über die Industrialisierung bis zum Ende des 20. Jh. Es gibt viele multimediale Elemente, die auch jüngere Besucher begeistern können. Ehrenamtliche Ausstellungslotsen stehen auf Wunsch für zusätzliche Informationen zur Verfügung.

In den oberen Etagen des Gebäudes ist u. a. das Archiv untergebracht, die Zentralstelle für die Heilbronner Stadtgeschichtsforschung und das »Gedächtnis der Verwaltung«. Im

Lesesaal können historische Dokumente eingesehen werden.
Innenstadt • Eichgasse 1 (Deutschhof) • Bus: Wollhaus • www.stadtarchiv-heilbronn.de • Di 10–19, Mi–So 10–17 Uhr, Forschungs- und Lesesaal Mo–Fr 8.30–12, Mo–Mi 14–15.30, Do 14–18 Uhr • Eintritt frei

Reichsstädtisches Museum im Alten Spital   Klappe vorne

Während das Historische Museum von Bad Wimpfen vor allem die römische und staufische Zeit näher betrachtet, geht es im Reichsstädtischen Museum um die mittelalterliche Reichsstadt. Schwerpunkte der Ausstellung sind das Stadtrecht, die Architektur der Fachwerkhäuser, Zünfte und Handwerk sowie die Schlacht bei Bad Wimpfen im Dreißigjährigen Krieg. Außerdem gibt es ein maßstabsgetreues Modell der Stadt. Unter dem Dach verbirgt sich noch ein Leckerli für Fotoenthusiasten, hier ist die Sammlung Helfrich mit ihren mehr als 400 historischen Fotoapparaten untergebracht.
Bad Wimpfen • Hauptstr. 45 • S-Bahn: Bad Wimpfen • tgl. 10–12, 14–17 Uhr • Eintritt 2,50 €, Kinder (6–16 J.) 1,50 €

Städtische Museen im Deutschhof
E 4

Die Sammlung der Städtischen Museen ist seit 1991 im Deutschhof untergebracht und in die Bereiche Archäologie, Kulturgeschichte und Kunst gegliedert. Schwerpunkt der archäologischen Sammlung sind Funde aus dem Heilbronner Land, das seit dem Beginn der Jungsteinzeit vor über 7500 Jahren besiedelt ist. Vor allem die Steinzeit und die römische Epoche sind mit vielen Werkzeugen aus Stein und Knochen, Gefäßen aus Ton und Glas sowie Metallgegenständen gut vertreten. Die Dauerausstellung ist als Zeitreise konzipiert, die von der Gegenwart ausgehend bis in die Eiszeit zurückführt. In kleineren thematischen Präsentationen werden regelmäßig archäologische Gegenstände aus dem Magazin vorgestellt.
In der Abteilung Kulturgeschichte stehen Themen im Mittelpunkt, die Heilbronn in der Vergangenheit besonders geprägt haben, wie die Silberwaren- und Papierindustrie und die Entwicklung einer Stadt am Fluss von der frühen Besiedlung bis zur Gegenwart. Im Bereich Kunst zählen Gemälde und Skulpturen zum Sammlungsbestand, darunter auch Bozzettos, sogenannte Ideenskulpturen, sowie Kleinplastiken und bedeutende Werke zeitgenössischer Bildhauer. 2007 wurde der Skulpturensammlung der Städtischen Museen das fast vollständige Konvolut aus Multiples und Druckgrafiken von Joseph Beuys übergeben.
Innenstadt • Deutschhofstr. 6 • S-Bahn: Wollhaus oder Rathaus • www.museen-heilbronn.de • Di 10–19, Mi–So 10–17 Uhr • Eintritt frei

Süddeutsches Eisenbahnmuseum
B 4

1848 fuhr die erste Eisenbahn in den Heilbronner Bahnhof ein – und veränderte die Wirtschaft grundlegend. An diese Zeit des revolutionären technischen Fortschritts erinnert das Süddeutsche Eisenbahnmuseum im ehemaligen Bahnbetriebswerk Heilbronn. Entstanden aus einer privaten Initiative und von einem Verein getragen, ist das Museum bis heute ein Ort, wo man mit ein wenig Glück den Vereinsmitgliedern live

Das absolute Highlight der Flugzeugsammlung im Technikmuseum Sinsheim
(▶ S. 89) ist eine begehbare originale Concorde der Air France aus dem Jahr 1976.

zuschauen kann, wie sie an den Exponaten herumschrauben, zu tun gibt es immer etwas. Auch der Ringlokschuppen von 1893 aus der Zeit der Königlich Württembergischen Staatseisenbahn muss in Schuss gehalten werden. Insgesamt 20 Dampf- und Diesellokomotiven aus verschiedenen Epochen warten hier genauso auf den Besucher wie historische Wagen, viele Hintergrundinformationen und ab und an auch Ausfahrten mit den alten Modellen. Böckingen • Leonhardstr. 15 • S-Bahn: Sonnenbrunnen • www. eisenbahnmuseum-heilbronn.de • März–Okt. Sa, So 10–18, Nov.–Feb. Sa 11–16 Uhr • Eintritt 5 €, Kinder 2,50 €, Familien 12,50 €

Technikmuseum Sinsheim

📖 Klappe vorne

Wer von Norden kommt, kann das Technikmuseum eigentlich gar nicht übersehen: Die scheinbar startende Concorde neben der Autobahn weist dem Besucher den Weg. Auf mehr als 30 000 m² Ausstellungsfläche findet der technikaffine Zeitgenosse so ziemlich alles, was in irgendeiner Form der Fortbewegung dient, von Flugzeugen aller Altersklassen bis hin zu Lokomotiven und Oldtimern sowie allerhand Militaria.

Die Hauptattraktionen sind die beiden Überschallflugzeuge Concorde und Tupolew Tu-144. Für den Besuch sollte man ruhig einen ganzen Nachmittag einplanen, schon der großen Fläche wegen. Am Ein- und Ausgang lockt zudem das IMEX-3D-Kino mit wechselnden Filmen. Sinsheim • Eberhard-Layher-Str. 1 • S-Bahn: Sinsheim Museum/Arena • https://sinsheim.technik-museum. de • 365 Tage im Jahr von 9–18 Uhr geöffnet • Eintritt 16 €, Kinder (5–14 Jahre) 13 €

Visualisierung des spektakulären Erweiterungsbaus der experimenta
(▶ MERIAN TopTen, S. 90) mitsamt vorgelagertem Science Dome.

9 experimenta   E 3

Im April 2019 ist es soweit: Die neue experimenta öffnet die Türen. Auf rund 25 000 m² bietet Deutschlands größtes Science Center mehr als dreimal so viel Platz wie der Vorgängerbau im benachbarten Hagenbucher (▶ S. 67), einem ehemaligen Ölsaatspeicher. Mit diesen Ausmaßen wird die experimenta keine Konkurrenz mit den großen europäischen Wissenschaftszentren in Paris, Glasgow oder Valencia scheuen müssen.

Dass hier spektakuläre Dinge entstehen, sieht man der auf einer Neckarinsel gelegenen neuen experimenta schon von Weitem an. »Experimentieren wurde hier zum architektonischen Prinzip« heißt es beim Architektenbüro Sauerbruch Hutton aus Berlin, das den gewagten Neubau aus Glas und Stahl entworfen hat.

Doch nicht nur das Äußere ist spektakulär: Die experimenta präsentiert sich mit einer ganzen Reihe von neuen Attraktionen, immer getreu dem Motto »nicht nur zuschauen, sondern selbst entdecken«. Zusätzlich zum Neubau wird das bisherige Gebäude, ein historischer Ölsaatenspeicher, ebenfalls kernsaniert und aufwendig umgebaut.

Entdeckerwelten

Einmal Wettergott spielen, im Gleitschirm fliegen oder den Crash eines Autos in Zeitlupe verfolgen? In der Ausstellung laden die vier Entdeckerwelten »Stoffwechsel«, »Kopfsachen«, »Weltblick« und »Forscherland« die Besucher zum Erforschen und Mitmachen von 275 interaktiven Exponaten ein. Dabei geht es zum einen um ganz alltägliche Dinge, die einen genaueren Blick wert sind – andererseits wird aber auch ein konkreter Einblick in den Stand der aktuellen Wissenschaft und Forschung gewährt. So können die Besucher beispielsweise in einem Windstudio selbst erleben, welche Kräfte das Element Luft entwickeln kann, oder den eigenen Wahrnehmungen auf den Grund gehen. Sogar Entspannung lässt sich hier per Messung der Gehirnströme verfolgen und mithilfe eines Lichtbaums darstellen.

Erlebniswelten

Im Mittelpunkt der Erlebniswelten steht der Science Dome mit einem 700 m² großen 360°-Kuppelscreen sowie einem drehbaren Zuschauerraum – eine einzigartige Kombination von Theater und Planetarium. Hier erlebt der Besucher Wissenschaftstheater, spannende Vorträge und eigenproduzierte 3D-, Experimental- und Laser-Shows, in denen man beispielsweise virtuell durch den Weltraum reist oder das Innere des Körpers besucht.

Welche Jahreszeit herrscht am Mars-Nordpol? Wie sieht der Jupiter von Nahem aus? Und gibt es noch andere Milchstraßen? In der Sternwarte können sich experimenta-Besucher auf ein überaus faszinierendes Beobachtungsprogramm freuen: Astro-Workshops bringen mit der Unterstützung leistungsstarker Teleskope auch ferne Sterne ganz nah heran. Die Experimentalbühne bringt derweil Kindern im Alter bis zu zehn Jahren mit einem speziellen Programm die Wissenschaft nahe.

Forscherwelten

Auch der Hagenbucher, der Bau, in dem die experimenta vor 2019 untergebracht war, bleibt nicht ungenutzt: In acht Laboren – ergänzt durch das Schülerforschungszentrum Nord-Württemberg – warten mehr als 50 naturwissenschaftliche und technische Kursangebote mit spannenden Experimenten auf Schulklassen und Kindergartengruppen – und die Antworten auf viele spannende Fragen: Wie baue ich einen Roboter? Oder wie komme ich mit einer DNA-Analyse einem Täter auf die Spur? In der hochmodernen Carl Heinrich Knorr Experimentierküche, die u. a. mit einem 3D-Lebensmitteldrucker ausgestattet ist, erfahren Besucher, wie mit naturwissenschaftlichem Know-how im 21. Jh. Lebensmittel geschaffen werden – ganz in der Tradition des Namensgebers Knorr, der vor 150 Jahren mit seinen Tütensuppen das Kochen revolutionierte. Innenstadt • Kranenstr. 14 • Tel. 88 79 50 • www.experimenta.science • tgl. geöffnet • S-Bahn: Neckarturm • Mo–Fr 9–17, Sa, So 10–18 Uhr • Eintritt 19 €, Kinder 10 €, Familienkarte (bis zu 5 Pers.) 47 €

Ein Rundgang durch das Stauferstädtchen Bad Wimpfen (▶ S. 102) führt an einer Vielzahl von schönen Fachwerkhäusern vorbei und lässt die mittelalterliche Geschichte wieder lebendig werden.

Spaziergänge und Ausflüge

Auf sechs Spaziergängen und Ausflügen geht es zu den schönsten
Ecken Heilbronns und hinein in das Umland der Stadt.

Das alte Heilbronn – Rund um das Rathaus und die Kilianskirche

Charakteristik: Die wichtigsten historischen Stätten Heilbronns bei einem Bummel durch die Innenstadt entdecken **Dauer:** 1,5 Std. **Länge:** ca. 3 km **Einkehrtipps:** Liberté (▶ S. 41), Marktplatz 11, Tel. 4 05 13 60, www.liberte-cafe.de €€ •

 Pfeffer Restaurant und Café (▶ S. 30), Kramstr. 1, Tel. 3 90 09 97, www.pfeffer-lebensmittel.de €€

📖 E 4

Marktplatz ▶ Rathaus

Der Spaziergang beginnt auf dem Marktplatz am **Rathaus**. Auch wenn das Gebäude aus dem 15. Jh. an sich sehenswert ist, ist es die **Kunstuhr** an der Fassade ⭐, die die meisten Besucher fasziniert. Beginnen Sie den Spaziergang unbedingt zur vollen Stunde, oder besser noch um acht, zwölf oder 16 Uhr, denn dann bewegen sich alle Figuren. Ein derartiges Meisterwerk gibt es nur noch im Münster von Straßburg, das übrigens vom selben Konstrukteur stammt.

Nähert man sich dem Rathaus, findet man unter der Freitreppe eine steinerne Bank. Einst ruhten sich hier die Wachleute aus, mit ein wenig Mühe erkennt man noch die Inschrift, die sie als Ruhebank ausweist. Linker Hand an der Ecke zur Kaiserstraße steht das **Käthchenhaus** mit dem charakteristischen Erker. Käthchen hat hier niemals gewohnt, schließlich handelt es sich um eine fiktive Gestalt. Hätte sie gelebt, sie wäre wohl in einem solchen Haus untergekommen. Und so sträubte sich die Stadt nicht, als der Name aufkam und von Touristen des 19. Jh. begeistert aufgenommen wurde. Rechts des Rathauses steht die **Statue des Arztes und Forschers Robert Mayer**, auf den man hier mächtig stolz ist.

Rathaus ▶ Ehrenhalle

Rechts vom Hauptbau des Rathauses gelangen Sie in den Hof zwischen dem alten und größtenteils modernen Teil des Gebäudekomplexes. Gleich links finden Sie hinter der Rokokofassade des ehemaligen Archivs die **Ehrenhalle**. Im Inneren erinnern drei Modelle der Stadt – eines aus der Zeit vor dem Weltkrieg, eines mit den Folgen der verheerenden Bombennacht 1944 und eines der heutigen Stadt – an die Zerstörungen des Zweiten Weltkriegs. Angesichts der Modelle fällt es leicht zu verstehen, warum der Zweite Weltkrieg für die Stadt einen so großen Einschnitt bedeutete.

Ehrenhalle ▶ Kilianskirche

Zurück auf dem Marktplatz wenden Sie sich in Richtung **Kilianskirche** ⭐ und laufen rechts herum durch die Windgasse bis zum Haupteingang. Bereits im Eingangsbereich sehen Sie mit dem doppelzüngigen Priester ein schönes Beispiel für die kirchenkritischen Drolerien, die typisch sind für dieses Gotteshaus.

Im Inneren sollten Sie unbedingt einen Blick auf den geschnitzten Hochaltar von Hans Seyfer aus dem Jahr 1498 werfen. Er überstand, wie viele andere Kunstwerke, den Zweiten Weltkrieg im Salzstollen des Salzbergwerks Bad Friedrichshall.

Verlässt man die Kirche, liegt einige Meter weiter links der **Siebenröhrenbrunnen**. Er wurde bis 1835 von einer Quelle gespeist, die »Helibrunna« den Namen gab. Falls Sie genug Zeit für einen kleinen Abstecher mitbringen, lohnt es sich, die Kirche ganz zu umrunden. Auf der der Kaiserstraße zugewandten Seite kommen Sie dann zwangsläufig an einer kleinen Seitentür vorbei, die rechts noch ein kleines Fenster besitzt. Hier wurde früher die Armenspeisung ausgegeben.

Kilianskirche ▶ Deutschhof

Wenden Sie sich jedoch erst einmal vom Haupteingang nach rechts in Richtung Neckar. Über die Kirchbrunnengasse gelangen Sie zum **Fleischhaus**. Nur wenige Schritte weiter steht die **Käthchenstatue** 🔳 des Bildhauers Dieter Läpple. Von dort aus sehen Sie schon das Flussufer mit der **Neckarmeile** ⭐. Eine gute Gelegenheit für einen kleinen Kaffeestopp mit Blick auf den Fluss – oder gleich ein Abendessen. Von der Brücke aus sieht man auch die Inselspitze und dahinter das linke Gewässer, den **Wilhelmskanal**.

Nun geht es zurück über die Kirchbrunnengasse bis zum Deutschhof, der rechts hinter der **Peter-und-Paul-Kirche** liegt. Beim Bummel durch die Innenhöfe bekommt man einen guten Eindruck, wie das Alte Heilbronn ausgesehen haben könnte. Nach dem ersten Innenhof gelangen Sie auf einen hellen Platz, der sich wunderbar für eine Pause eignet – oder Sie biegen in eines der beiden städtischen Museen ab. Vor allem das **Haus der Stadtgeschichte** ist geradezu unerlässlich, um die Entwicklung Heil-

bronns zu verstehen, und besticht mit einer kurzweiligen Zusammenstellung der Exponate. Wenn Sie den Deutschhof durch das südliche Tor nach links verlassen und sich auf der Fleiner Straße nach links wenden, gelangen Sie wieder über die Fußgängerzone zum Kiliansplatz.

Der Siebenröhrenbrunnen (▶ S. 78) fasste wohl die Quelle, die der Stadt Heilbronn ihren Namen gab.

INFORMATIONEN

Kilianskirche

Innenstadt • Kaiserstr. 38 • S-Bahn: Rathaus • www.gemeinde.heilbronn-kilianskirche.elk-wue.de • Nov.–Feb. 9.30–16, März–Okt. 9.30–18 Uhr

Haus der Stadtgeschichte

Innenstadt • Eichgasse 1 (Deutschhof) • Bus: Wollhaus • www.stadtarchiv-heilbronn.de • Ausstellung Di 10–19, Mi–So 10–17 Uhr, Forschungs- und Lesesaal Mo–Fr 8.30–12, Mo–Mi 14–15.30, Do 14–18 Uhr • Eintritt frei

★ Edles Heilbronn – Im Villenviertel auf den Spuren der Stadthonoratioren

Charakteristik: Auf dem Spaziergang durch Heilbronns »beste Adresse« begegnet man, von den Knorrs bis zur Familie Dittmar, nahezu allen Größen der Heilbronner Wirtschaftsgeschichte **Dauer:** 1 Std. **Länge:** ca. 2 km **Einkehrtipp:** Kernerhöhe (▶ S. 31), Wollhausstr. 111, Tel. 17 72 84, http://hessers beck.de €–€€

F 5–F 4

Als die Industrialisierung Mitte des 19. Jh. in Heilbronn Fuß fasste, war die Stadt noch sehr übersichtlich: Nahezu die gesamte Bevölkerung lebte innerhalb der Stadtmauern im historischen Zentrum. Doch mit dem Zuzug der Arbeitskräfte musste nicht nur für die arbeitende Bevölkerung Platz gefunden werden, auch den Fabrikantenfamilien stand der Sinn nach standesgemäßen Villen.

Für die Erweiterung der Stadt wurde daher das Areal östlich der heutigen Oststraße auserkoren.

Startpunkt des Spaziergangs durch dieses Villenviertel ist die **Villa Schliz** in der Alexanderstr. 53 mit ihrem charakteristischen Jugendstilkopf mitten auf der Fassade. Das Haus aus dem Jahr 1901 ist auch heute noch nahezu im Originalzustand erhalten, lediglich der kleine

Die Villa Dopfer (▶ S. 97) folgt dem englischen Landhausstil. Sie wurde 1909 von Architekt Theodor Moosbrugger für den Chemiker Otto Dopfer konzipiert.

Belvedere auf dem Dach wurde im Krieg beschädigt und später entfernt. Sein Besitzer, der Stadtarzt und Archäologe Alfred Schliz, hatte sich um die Heilbronner Geschichtsforschung verdient gemacht und an vielen Ausgrabungen mitgewirkt.

Villa Schliz ▸ Villa Dittmar

Wenden Sie sich nun nach Süden und folgen Sie der Alexanderstraße. An der Kreuzung mit der Dittmarstraße biegen Sie rechts ab. Wenige Schritte weiter, an der nächsten Kreuzung mit der Gutenbergstraße, erhebt sich die **Villa Dittmar**. Sie wurde im Jahr 1881 als eines der ersten Häuser des damaligen »Neubaugebiets« von Hermann Maute im Stil der Neorenaissance, einer Strömung des Historismus, erbaut. Der Besitzer Theodor Dittmar war mit seiner Messerwarenfabrik zu Reichtum gelangt. Nach dem Zweiten Weltkrieg wurde die Villa von der Stadt Heilbronn teils als Feuerwehr, teils als Bürogebäude genutzt und kam erst Anfang des Jahrtausends wieder in private Hände. Die darauffolgenden Renovierungen der neuen Besitzer Remmlinger & Partner brachten regelrechte Schätze zutage: Wandmalereien und Bodenmosaike, die überklebt und mit Linoleum überdeckt worden waren.

Schräg gegenüber, an derselben Kreuzung, sieht man als schönen Kontrast die **Villa Kleinbach**, die nur wenige Jahre später im sogenannten »Heimatstil« erbaut wurde. Als Gegenbewegung zum Historismus kam zu Beginn des 20. Jh. diese heimatverbundene Architektur auf. Sie zeichnet sich durch lokale Materialien, viel Holz und vermeintlich lokale Stilelemente aus.

Villa Dittmar ▸ Villa Lerchenburg

Folgen Sie nun der Gutenbergstraße wieder gen Norden, also in Richtung der kleineren Hausnummern.

Auf der rechten Seite ragt ein wirklich gewaltiger Bau in den Himmel, die **Villa Lerchenburg**. Dieses Gebäude wurde im Jahr 1897 für Carl Heinrich Eduard Knorr (1843–1921) errichtet. Zusammen mit seinem Bruder Alfred hatte er in der zweiten Führungsgeneration das Unternehmen Knorr auf den Erfolgsweg gebracht. Nach einem längeren Frankreichaufenthalt widmeten sich beide den Möglichkeiten, aus getrocknetem Gemüse Suppenpulver herzustellen – und waren enorm erfolgreich mit dieser Idee, aber auch mit Haferflocken und Nudeln machte die Firma Kasse.

Die »Garage« – an sich schon fast eine Villa – wurde später für Alexander Knorr, den Neffen des Besitzers, ausgebaut. Ursprünglich befand sich der gesamte Hang im Besitz der Familie Knorr. 1970 fand das Gebäude – die Bezeichnung »Haus« ist fast schon irreführend – einen neuen Käufer und wurde entkernt.

Villa Lerchenburg ▸ Villa Moosbrugger

Folgt man der Gutenbergstraße weiter gen Norden, bleibt man in jeder Hinsicht im »Knorr-Land«. Die Nummer 37 wurde für den Chemiker des Unternehmens, **Otto Dopfer**, gebaut, nach Entwürfen der beiden Heilbronner Architekten Helmut Maute und Theodor Moosbrugger. Dessen Villa wiederum liegt ebenfalls nur einige Schritte weiter auf Hausnummer 29, Ecke Lerchenstraße. Wer sich für Architektur interessiert, kommt um den Namen **Theodor Moosbrugger** (1851–1923) in Heilbronn nicht herum. Aus seiner Feder stammen die Knorrhäuser in der Liebigstraße, der Volksgarten und viele andere Bauten. Geschickterweise heiratete er nach dem Studium die Tochter des Amtsbaumeisters Hermann Maute, mit dem er bis zu dessen Tode 1893 ein gemeinsames Büro führte. Sein eigenes Haus ließ er im Heimatstil bauen, den er besonders schätzte.

Villa Moosbrugger ▶ Park Villa

Gleich schräg gegenüber auf der anderen Straßenseite erhebt sich die **Villa Mayer** (übrigens auch ein Moosbrugger-Haus). Der ursprüngliche Besitzer Ernst Mayer – er kam durch die Erfindung der gummierten Briefumschläge zu Reichtum – ließ die üppige Villa 1912 errichten, musste sie aber schon wenige Jahre später wieder abstoßen. Heute ist hier das **Hotel Park Villa** (MERIAN Tipp, S. 14) untergebracht. Als die Hoteliers Gaup das Haus 1983 übernahmen, befand es sich in bedauerlichem Zustand, lange Jahre war es als Klinik und später als Schule genutzt worden. Für die erfolgreiche Renovierung wurde das Ehepaar mit dem Denkmalschutzpreis ausgezeichnet.

Park Villa ▶ Schwarzwaldhaus

Folgen Sie nun weiter der Gutenbergstraße bis zur Wollhausstraße. Ganz automatisch stoßen Sie auf das sogenannte **Schwarzwaldhaus** auf Nummer 93. Geplant wurde es 1905 vom Frankfurter Architekten Hugo Eberhardt für den Kommerzienrat Gustav Pielenz. 1888 begann er als Reisender seine Laufbahn bei Knorr, die ihn bis in den Aufsichtsrat bringen sollte. Bekannt wurde er jedoch nicht nur aufgrund seiner Karriere, sondern auch, weil es ihm gelang, sich im Dritten Reich der NSDAP erfolgreich zu widersetzen, die nach einem Sitz im Aufsichtsrat drängte.

Schwarzwaldhaus ▶ Villa Alfred Knorr

Von dort aus ist es nur noch ein Katzensprung zu einer weiteren Knorr-Villa. Wenden Sie sich nach rechts und laufen Sie die Wollhausstraße einige Meter hinauf, biegen Sie links in die Alexanderstraße und dann wieder links in die Bismarckstraße ein.

Bevor Sie die Hausnummer 50 erreichen, das eigentliche Ziel, erkennen Sie auf der rechten Straßenseite die sehr einfach gehaltene **Wichernkirche**. Sie entstand nach dem Zweiten Weltkrieg im sogenannten Notkirchenprogramm: Ausländische Gemeinden unterstützten deutsche Gemeinden, indem sie eine Art Bausatz des Architekten Otto Bartning finanzierten. Der eigentliche Aufbau wurde dann von der Heilbronner Gemeinde vorgenommen. Auch im Inneren ist die Kirche sehr schlicht gehalten und besticht mit ihrem Blockhüttencharme.

Die gegenüberliegende Hausnummer 50 ist in Heilbronn als **Villa Frau Alfred Knorr** bekannt. Erbaut wurde das Anwesen im Jahre 1896 für den Fabrikanten Alfred Knorr, der mit seinem Bruder Carl Heinrich Eduard Knorr so erfolgreich war. Allerdings verstarb er noch vor der Fertigstellung im Alter von 48 Jahren. Seine Frau Marie-Therese blieb in der Villa. Nach ihrem Tod wurde das Gebäude an die Wehrmacht verkauft, nach dem Zweiten Weltkrieg schließlich wurde es zum Landgericht und schließlich Kreiswehrersatzamt. Heute ist es in Privatbesitz.

Vogelzwitschern und Legenden: Unterwegs im grünen Osten

Charakteristik: Der Spaziergang führt vom Pfühlpark bis zum Schilfsandsteinbruch durch Heilbronns grüne Lunge **Dauer:** 3–4 Std. **Länge:** ca. 8 km **Einkehrtipps:** Trappensee-Biergarten (▸ MERIAN Tipp, S. 15), Jägerhausstr. 159, Tel. 0163/6 64 86 19, http://biergarten-trappensee.de €–€€ • Licht-Luft-Bad (▸ S. 27), Im Hörnlis, Tel. 17 86 73, www.lichtluftbad-hn.de € • Jägerhaus, Jägerhaus 1, Tel. 17 60 75, https://jaegerhaus-heilbronn.de €–€€

 H 4–östl. H 4

Wälder, einsame Pfade, Quellen und eine fast schon meditative Stimmung prägen den Osten der Stadt. Überraschend ist: Nur wenige Schritte von der Hauptstraße entfernt ahnt man die Großstadt nicht einmal mehr.

Pfühlpark ▸ Trappenseeschlösschen

Der Weg durch die grünen Oasen Heilbronns beginnt am **Kiosk des Pfühlparks** an der Richard-Becker-Straße, die den Park in zwei Teile trennt. Dies nicht nur, weil es ein markanter Punkt ist: Das Angebot der kleinen Hütte ist gigantisch, von Spielzeug und Scherzartikeln bis zu Haushaltswaren, Süßigkeiten oder Kartoffeln – von Kaffee und Würstchen einmal abgesehen, die man auf alten Bürostühlen genießen kann. Kein Wunder, dass dieser Kiosk fast schon Kultstatus besitzt. Nur Alkohol und Zigaretten gibt es hier nicht.

Von hier spazieren Sie am südlichen Ufer des Sees entlang und folgen der Jägerhausstraße bis zum Trappensee. Rein theoretisch könnte man hier schon die erste Pause einlegen: Am **Trappensee-Biergarten** lässt es sich aus den Liegestühlen am Ufer ganz wunderbar über den Trappensee samt Schlösschen blicken. Doch vielleicht heben Sie sich diese Belohnung für den Rückweg auf, denn die wahre Idylle kommt erst noch – und es warten einige Kilometer Strecke.

Trappenseeschlösschen ▸ Köpfertal

Überquert man am Biergarten die Jägerhausstraße, gelangt man zu einem der Zugänge zum **Naturschutzgebiet Köpfertal**. Der kleine Weg – er ist leicht zu übersehen – führt geradewegs hinein in einen regelrechten Dschungel. Anfangs säumen noch einige private Gärten den Weg, linker Hand geht es vorbei an einer Altenwohnanlage, dann wird es einsam im Köpfertal. Das etwa 32 ha große Naturschutzgebiet entlang des Köpferbachs beheimatet 75 Vogelarten, darunter sogar Eisvögel, sowie viele Reptilien und Amphibien.

Gleich an der ersten Kreuzung gelangt man rechts über einen Plankenweg zum **Licht-Luft-Bad**. Auch ohne Einkehrpläne ist der kleine Abstecher unbedingt lohnenswert, denn er bietet gute Einblicke in das Feuchtbiotop.

Zurück auf dem Hauptweg folgen Sie immer weiter dem Köpferbach, bis Sie den **Köpfersee** erreichen. Er wurde 1933 als Hochwasserschutz angelegt. Vor allem in der Dämmerung lohnt es sich, am Wegesrand gut hinzuschauen. Mit ein wenig

Glück begegnen Sie vielleicht sogar einem Feuersalamander.

Von hier aus gibt es zwei Alternativen: Entweder wandern Sie weiter gen Osten bis zum Köpferbrunnen oder Sie kehren gleich am See vorbei über den Skulpturenweg wieder zurück in die Stadt.

Köpfertal ▸ Köpferbrunnen

Falls Sie Zeit und Lust für einen längeren Spaziergang bis zum Köpferbrunnen mitgebracht haben, folgen Sie dem **Skulpturenweg** geradeaus weiter nach Süden, vorbei an den Schnitzereien »Fischreiher«, »Bär« und »Durch und Durch«. Nach rund 500 m Wegstrecke, die immer rechts des Köpferbachs verläuft (auf einigen Karten heißt er auch Pfühlbach), verweist eine Beschilderung zum **Köpferbrunnen**. Diesen denkmalgeschützten Ort erreichen Sie nach rund einem Kilometer: Neben dem Brunnenbecken sehen Sie links eine kleine Kapelle mit einem Mönchsgesicht, das aus dem Fenster über der Tür schaut, rechts eine Hütte mit einem hölzernen Buch.

Diese Lichtung, den die Naturfreunde der »Heilbronner Waldbrüder« Anfang des 19. Jh. eingerichtet haben, ist nicht nur eine schöne Stelle für eine Rast, sondern auch ein schauriger Ort – zumindest wenn es nach der Legende geht, die in diesem »Buch« erzählt wird: Der Kreuzritter Veit soll nach langer Gefangenschaft in Palästina bei der Heimkehr seine Frau mit einem anderen Mann vorgefunden haben. Traurig zog er sich als Einsiedler in den Wald zurück. Als seine Exfrau sich ihm wieder zuwandte, griff der neue Gatte kurzerhand zum Beil und enthauptete den Ritter dort, wo heute die Kapelle steht.

Köpferbrunnen ▸ Schilfsandsteinbruch

Vom Köpferbrunnen aus wandern Sie wieder zurück. Dort wo der Weg wieder auf den Skulpturenweg stößt, etwas südlich des Köpfer-Stausees, entscheiden Sie sich nun für die nördliche Richtung. Der Weg führt vorbei an der heute verlassenen Waldschänke und dem Ehrenfriedhof. Falls Sie es hier und da recht laut knallen hören, dann handelt es sich nicht um einen Überfall, sondern die Akustik der Schießanlage Köpfer, die von der Kreisjägervereinigung genutzt wird. Folgen Sie der Arndtstraße wieder bis zur Jägerhausstraße. Wenden Sie sich dort nach rechts und folgen Sie der Straße, die bald den Namen Jägerhaussteige trägt, ungefähr 500 m bergauf bis zum Eingang des **Schilfsandsteinbruchs**. Der Rundweg durch den aufgegebenen Steinbruch, der längst zu einem wahren Naturidyll geworden ist, ist rund 2 km lang.

Schilfsandsteinbruch ▸ Jägerhaus

Am Ende des Rundwegs laufen Sie noch einige Meter zurück in Richtung Stadt, dann sehen Sie linker Hand das **Jägerhaus**. Das Restaurant-Café ist das klassische Ausflugslokal der Heilbronner schlechthin, die sich nach einer dicken Portion Wald die passende Sahneschnitte oder gleich etwas Deftiges gönnen wollen.

Und zum Schluss noch ein Tipp: Passionierte Jogger können diesen Spaziergang natürlich auch im Dauerlauf absolvieren. Der Weg durch das Köpfertal und den Schilfsandsteinbruch gehört zu den schönsten Laufstrecken der Stadt und ist dank der vielen Bäume auch im Hochsommer immer schattig.

Beratung ist einfach.

www.ksk-hn.de

Wenn man einen Finanzpartner hat, der die Region und ihre Menschen kennt.

Sprechen Sie mit uns.

AUSFLÜGE IN DIE UMGEBUNG
Mittelalterliches Bad Wimpfen

Charakteristik: Rund um die Kaiserpfalz von Friedrich Barbarossa und in den Gassen der Altstadt wird das Mittelalter lebendig **Anfahrt:** Mit dem Auto über die B27 bis hinter Bad Friedrichshall, dann auf der L1100 den Neckar Richtung Bad Wimpfen überqueren. Mit der S-Bahn S42 halbstündlich, 20 Minuten Fahrtzeit ab Hauptbahnhof Heilbronn **Dauer:** Halbtagesausflug **Länge:** 3 km **Einkehrtipps:** Restaurant Friedrich/Weinstube Feyerabend, Bad Wimpfen, Hauptstr. 74, Tel. 07063/95 05 66, www.friedrich-feyerabend.de €–€€ • Restaurant Anker's, Bad Wimpfen im Tal, Corneliastr. 18, Tel. 07063/95 17 77, https://de-de.facebook.com/ankers.restaurant €–€€ **Auskunft:** Tourist-Information Bad Wimpfen, Hauptstr. 45, Tel. 07063/9 72 00, www.badwimpfen.de, Mo–Fr 10–12, 14–17, Sa 10–12 Uhr
Karte ▶ Klappe vorne

Die Kleinstadt im Nordwesten Heilbronns ist unbedingt einen Ausflug wert – nicht nur der einzelnen historischen Häuser und Kirchen wegen. Unterwegs in den Gassen der Altstadt könnte man sich wirklich im Mittelalter wähnen, so perfekt ist Bad Wimpfen erhalten. Historisch ist es allemal ein Schwergewicht: Bereits die Kelten siedelten hier und gaben der Stadt ihren Namen, im ersten Jahrhundert nach Christus wurde Wimpfen römisches Gebiet, im Tal finden sich sogar Überreste einer römischen Siedlung. Unter den darauffolgenden Franken wurde Wimpfen christianisiert.

Die Ritterstiftskirche (▶ S. 104) St. Peter entstand in ihrer heutigen Form im 13. Jh. und gilt als eines der bedeutendsten Bauwerke der frühen Gotik in Deutschland.

Für den Besucher besonders interessant jedoch ist die Zeit der Staufer, denn Kaiser Friedrich I. Barbarossa unterhielt hier ab 1182 eine **Kaiserpfalz**. Sie ist auch heute noch zu Teilen erhalten – genug, um sich das Leben zu dieser Zeit ein wenig vorzustellen. Die Kaiserpfalz oben auf dem Berg der Altstadt, immerhin die größte Königspfalz nördlich der Alpen, ist daher auch ein wunderbarer Startpunkt für den Spaziergang durch die Stadt. Sie erstreckt sich vom **Blauen Turm** bis zum **Roten Turm**. Ersterer ist schon ob seines wunderbaren Blicks über die Stadt einen Besuch wert, allerdings wird er bis Ende 2019 wegen dringender Renovierungsarbeiten geschlossen bleiben – nach mehr als 800 Jahren sicher wohlverdient. Auch die Türmerin, die dort »Wache« hält und lange Zeit die einzige Deutschlands war, muss unterdessen anderenorts unterkommen. Ebenfalls aus dieser Epoche stammen das **Steinhaus**, das **Hohenstaufentor**, die **Pfalzkapelle** und die **Arkaden des Palas**, die sich rund um die Pfalz gruppieren. Kurz vor dem Turm ist die Aussicht über das Umland samt Neckar übrigens unvergesslich. Ein kleiner Weg führt jenseits der Pfalz wieder gen Westen, zurück in die Altstadt.

Noch in staufischen Zeiten wurde das **Spital** 1230 von den Johannitern als Krankenhaus gegründet, im Jahr 1250 kam es in den Besitz des Heilig-Geist-Ordens und wurde später zu einem mittelalterlichen Altenheim. In diesem Gebäude ist mittlerweile auch ein Museum untergebracht. Um in den Innenhof zu gelangen, folgen Sie der Langgasse bis zum Gästehaus zur Sonne, schräg gegenüber befindet sich der Eingang.

Nach dem Ende der Stauferzeit wurde Wimpfen im Jahr 1300 zur Reichsstadt und war damit nur dem Kaiser unterstellt. Regiert wurde sie von einem Stadtregiment mit zwei Bürgermeistern und einem Gericht, dem ein Schultheiß vorstand. Handwerk, Handel und Landwirtschaft ließen in Wimpfen den Reichtum anwachsen. Zahlreiche **Fachwerkhäuser** zeugen heute noch von dieser Blütezeit, beispielsweise entlang der Hauptstraße und der Badgasse, genauso wie die prächtige **Stadtkirche** am Marktplatz. Das Wohnhaus am Marktplatz 6 ist mit dem Baujahr 1266 übrigens das älteste der Stadt.

Von den politischen und religiösen Wirrungen der Zeit blieb Wimpfen allerdings nicht verschont. Die Lehren der Reformation fanden in der Gegend schnell Anhänger. Bereits im Jahr 1588 war das Städtchen praktisch komplett protestantisch, zum großen Ärger der Klöster, die natürlich katholisch blieben. Verheerend war schließlich die Zeit von 1618 bis 1648: Während des Dreißigjährigen Krieges wurde Wimpfen immer wieder von den unterschiedlichen Kriegsparteien erobert, und Seuchen machten der Bevölkerung schwer zu schaffen. Gerademal ein Zehntel der Bevölkerung überlebte den Krieg! Danach versank Bad Wimpfen erst einmal in Armut und Bedeutungslosigkeit – und die meisten alten Bauten blieben erhalten, weil sich die Menschen lange gar nicht leisten konnten, neue Gebäude zu errichten. Aus diesem Grund gibt es wohl auch wenige barocke Bauten in Bad Wimpfen, sieht man von der barockisierten **Dominikanerkirche** ab. Auch sie stammt aus dem 13. Jh., wurde aber im 18. Jh. üppig umgestaltet und gehört heute zum Hohenstaufengymnasium.

Als die unabhängigen Reichsstädte während der napoleonischen Neuordnung Südwestdeutschlands im Jahr 1803 aufgelöst wurden, fiel Bad Wimpfen an die Landgrafschaft Hessen-Darmstadt, obwohl die hessische Grenze gut 40 km entfernt liegt – und blieb auch bis zur Volksabstimmung 1952 eine hessische Exklave. In jedem Fall waren dies Jahre des Aufstiegs: Unter hessischer Herrschaft wurde erfolgreich Sole gefördert, sodass sich Wimpfen zu einer Kurstadt entwickeln konnte, seit 1930 firmiert das »Bad« im Namen.

Selbst ausprobieren können Sie die Kureinrichtungen natürlich auch – etwa im **Solebad**. Nach ein paar entspannten Stunden in diesem ruhigen Bad muss man selbstverständlich wieder zu Kräften kommen. Dazu passt ganz wunderbar eine Einkehr im traditionellen Lokal **Feyerabend**. Im ersten Stock herrscht die Atmosphäre der 1920er-Jahre, falls Sie tagsüber nur zum Kaffee vorbeischauen, darf es die traditionell eingerichtete Weinstube sein, in der auch Kaffee und Kuchen serviert werden.

Bad Wimpfen im Tal

Schade wäre es übrigens, bei dieser Gelegenheit nicht auch in Bad Wimpfen im Tal vorbeizuschauen. Zu Fuß erreichen Sie das kleine Dorf am Neckarufer sehr malerisch über den Fußweg, der von der Kaiserpfalz bis zum Bahnhof führt. Von hier aus geht es entweder mit der S-Bahn eine Station nach Osten oder eben zu Fuß am Neckar entlang.

Historisch gesehen ist Bad Wimpfen im Tal mindestens genauso interessant, denn es hat erwiesenermaßen

FotoTipp

BAD WIMPFENER PFALZ

Die beeindruckende Silhouette der Bad Wimpfener Pfalz lässt sich am Besten vom Offenauer Ufer des Neckar aus einfangen, also im Nordosten der Stadt – besonders schön ist das Licht hier am Vormittag. ▶ S. 104

noch ein paar Jahre mehr auf dem Buckel – und es steht in seiner Gesamtheit unter Denkmalschutz. Die anfangs erwähnten Römer siedelten hier und unterhielten auch eine Neckarbrücke. Heute noch gut sichtbar ist das ehemalige **Benediktinerkloster** im Zentrum des Dorfes.

Gleich nebenan ragt seine **Ritterstiftskirche** aus dem 13. Jh. in die Höhe, deren außergewöhnlich breiter gotischer Kreuzgang als einer der schönsten Deutschlands gilt. Der Kreuzgang bildete, wie in vielen Klöstern, den Mittelpunkt des täglichen Lebens abseits der Kirche. Hier traf man sich, man spazierte umher, dachte nach und betete. Und damit die verstorbenen Mitbrüder für die Gemeinschaft präsent blieben, wurden sie hier bestattet – zahlreiche Grabplatten aus den vergangenen Jahrhunderten in den Wänden zeugen heute davon. Idyllisch sind auch die Gassen rund um das Kloster mit ihren alten Häusern, die einstmals alle zum Kloster gehörten. Sie sind heute bewohnt und daher ohne jede museale Atmosphäre.

Falls Sie genug Zeit mitgebracht haben, lohnt es sich, das Dorf komplett zu umrunden. Auf dem Neckarweg erkennt man am gegenüberliegenden Ufer die ehemaligen Bohrhäuser der **Saline Clemenshall** von Offe-

Die Evangelische Stadtkirche (▶ S. 104) erhebt sich am höchsten Punkt der Altstadt von Bad Wimpfen. Ihr Inneres beeindruckt mit zwei historischen Flügelaltären.

nau am heute trockengelegten Salinenkanal. Falls Sie sich über das riesige, scheinbar ungenutzte Areal zwischen Dorf und Fluss wundern: Hier findet einmal im Jahr der **Talmarkt** statt – und auch er blickt mittlerweile auf mehr als 1000 Jahre Geschichte zurück!

INFORMATIONEN
Soleheilbad
Osterbergstr. 16 • www.badwimpfen.de/gesundheit/solebad.html • Di–Do, Sa 7–21, Fr 12–17, So 8–17 Uhr • Eintritt 7,40 €, Kinder 5,30 €

Ritterstiftskirche St. Peter
Lindenplatz 7 • Kirche tgl. 8–17, Besichtigung des Kreuzgangs Ostern–Mitte Okt. Di–Fr, So 15–17 Uhr • öffentliche Kirchenführung Jan., März, Mai, Juli, Sept., Nov. am 1. Mo des Monats 15 Uhr (Ticket 5 €) • Eintritt 1 €, Kinder 0,50 €

Benediktinerkloster
Das Bildungszentrum der Malteser ist heute Exerzitienzentrum sowie ein Bett & Bike-Gastgeber.
Lindenplatz 7 • Preise unter https://kloster-bad-wimpfen.de

Die grüne Salzstadt Bad Rappenau

Charakteristik: Der 14 km entfernte Kurort ist nicht nur bekannt für seine Sole-Kuren, sondern bietet auch im Salinenpark viel Abwechslung und Erholung **Anfahrt:** Bad Rappenau erreicht man mit der S-Bahn S42 und dem Regio 2, mit dem Auto fahren Sie über die A6 bis zur Ausfahrt Bad Rappenau und folgen den Hinweisschildern in die Innenstadt **Dauer:** Halbtagesausflug **Länge:** 4 km **Einkehrtipps:** Café Luna, Eingang Kurpark, Piaweg 4–6, Bad Rappenau, Tel. 07264/40 01 €€ • Kurcafé im Salinengarten, Saline 5, Tel. 07264/96 05 00 €€ • Fine Dine Restaurant im Kurhaus, Fritz-Hagner-Promenade 2, Tel. 07264/44 40, www.finedine-badrappenau.de €€–€€€, Biergarten €€ **Auskunft:** Gäste-Information Bad Rappenau, Salinenstr. 37, Foyer RappSoDie, Tel. 07264/92 23 91, www.badrappenau-tourismus.de **Karte** ▸ Klappe vorne

In der Kurstadt Bad Rappenau dreht sich alles um das Salz: 1822 wurden 180 m unter der Stadt ein 32 m mächtiges Flöz entdeckt und eine Saline gebaut, um das »weiße Gold« zu fördern. Wenige Jahre später öffnete das erste Solebad. 1930 schließlich erhielt die Stadt den begehrten Zusatz »Bad«. Im Jahr 1973 wurde die kristalline Salzförderung eingestellt, die für die Kuren nötige Sole wird jedoch weiterhin gefördert und natürlich auch im Kurbetrieb genutzt.

Schloss ▸ Kurpark

Der Spaziergang beginnt am **Wasserschloss** von Bad Rappenau im historischen Zentrum der Stadt. Es stammt aus dem Jahr 1601 und wurde von Eberhard von Gemmingen gebaut. Das gut erhaltene Gebäude ist auch heute noch von Wasser umgeben, Fontänen geben dem ganzen einen lebendigen Touch. Von der Terrasse des gegenüberliegenden **Schlosscafés** aus lässt sich die Szenerie bei Tee oder Kaffee besonders schön bewundern. Einige Meter weiter südöstlich des Schlosses speisen drei künstlerisch gestaltete Quellen am »Quellenhain« einen Bach.

Folgen Sie nun diesem Bach: Er fließt durch die sogenannte **Grünspange**, ein grüner Verbindungsweg, der den Spaziergänger bis zum Kursee bringt. Er entstand in den 1960er-Jahren und wurde anlässlich der Landesgartenschau 2008 von einer abwechslungsreichen Parkanlage umgeben. Auch dort gibt es wieder viele Möglichkeiten, sich gemütlich niederzulassen, wie es sich für einen Kurort gehört. Beispielsweise im Café Luna oder auf der Terrasse des Fine Dine, einem gehobenen Restaurant direkt am See.

Kurpark ▸ Salinenpark

Folgen Sie dem Weg nun weiter nach Osten durch die Parkanlage. Auf Höhe der S-Bahn-Station Bad Rappenau-Kurpark führt eine Wendeltreppe steil nach oben in die höheren Lagen der Stadt und über die Schienen hinweg. Einen Aufzug gibt es am »Salinensteg« natürlich auch. In jedem Fall gelangen Sie nun in den **Salinenpark**. Er befindet sich auf dem Gelände der ehemaligen Rappenauer Salzfabrikation. Nachdem die Saline 1972 geschlossen und die Siedehäuser abgebaut worden waren, ließ die Stadt hier einen Park anlegen. Anlässlich der Landesgartenschau 2008 wurde das Gelände noch einmal umgestaltet und mit zahlreichen Attraktionen angereichert. Am auffälligsten davon ist sicher das **Gradierwerk** am südlichen Ende der Parkanlage.

Folgen Sie dem Weg am Kurcafé am Salinengarten vorbei, der 30 m lange und 8 m hohe Holzkasten ist schon von Weitem sichtbar. Eigentlich braucht das **Freiluft-Inhalatorium** keine Erklärungen, denn wer sich zehn Minuten in die Liegestühle sinken lässt, stellt mit Erstaunen fest, dass Brille, Buch und andere Gegenstände schnell mit Salz verkrusten. Der Grund ist einfach: Über den Schlehenreisig des Gradierwerks wird Sole gerieselt, die bei der Verdunstung die Umgebungsluft mit Salz anreichert. Vor allem Allergiker und Asthmapatienten profitieren von der Heilwirkung für die Atemwege.

Gradierwerk ▸ Bohrhäuser

Vom Gradierwerk aus wenden Sie sich gen Osten. Schon von Weitem lässt sich der fahrbare **Bohrturm** erkennen, der bis heute in Betrieb ist und Sole fördert. Gleich daneben liegen die denkmalgeschützten Bohrhäuser und das alte, mit Menschenkraft betriebene Tretrad. Dieses wurde noch bis zum Jahr 1905 verwendet, bevor es durch den Bohrturm abgelöst wurde.

Bohrhäuser ▸ RappSoDie

Schade wäre es übrigens, die Sole nicht selbst auszuprobieren. Im Sommer ist dies im **Sole-Freibad** möglich, rund ums Jahr ist das Sole-Bad **RappSoDie** geöffnet. Das warme Außenbecken des RappSoDie bietet

einen schönen Blick über die Stadt! Beide – sie liegen praktisch nebeneinander – erreichen Sie vom Endpunkt des Spaziergangs aus über die Salinenstraße (sie verlässt den Park kurz vor dem Kurcafé in westlicher Richtung) in nur wenigen Minuten.

Das auf drei Seiten von Wasser umgebene Wasserschloss (▸ S. 106) ist das Wahrzeichen von Bad Rappenau.

INFORMATIONEN

RappSoDie

Bad Rappenau • Salinenstr. 37 • Tel. 07264/2 06 93 30 • www.rappsodie. info • Mo–Sa 8–21, So 8–20, Sauna Mo–Do 9–23, Sa 9–24, So 9–20 Uhr • Eintritt ab 8,50 €, Kinder ab 5,50 €

Sole-Freibad

Gleiche Adresse, Eingang rechts neben dem RappSoDie • Sa–Mo, Mi, Do, 8–20, Di, Fr 6.30–20 Uhr • Eintritt 3,50 €, Kinder 2,50 €

Schwaigern: Geschichte auf engem Raum

Charakteristik: Schwaigern ist nicht nur eine gemütliche Kleinstadt mit vielen historischen Bauten, es ist auch der Sitz der Grafen von Neipperg **Anfahrt:** Mit der S-Bahn bis Station Schwaigern, mit dem Auto über die B 293 **Dauer:** 3 Std. mit Pausen **Länge:** 5 km **Einkehrtipp:** Altes Rentamt, Schloßstr. 6–8, Schwaigern, Tel. 07138/52 58, www.altesrentamt.de, Tageskarte €€, sonst €€€ **Auskunft:** Stadtverwaltung Schwaigern, Gäste-Info, Marktstr. 2, Tel. 07138/21 27
Karte ▸ Klappe vorne

2016 feierte die Stadt rund 15 km westlich von Heilbronn ihr 1250-jähriges Bestehen, 766 wurde Schwaigern erstmals in einer Urkunde des Lorscher Codex erwähnt. Die ältesten baulichen Überreste finden sich jedoch in der Stadtkirche und werden auf das Jahr 1200 datiert. Genau hier beginnt auch der Spaziergang.

Schloss ▸ Stadtkirche

Der Platz zwischen Schloss, Stadtkirche und Rentamt ist der Kern der Altstadt und von prächtigen Bauten umgeben. Wenn Sie sich nach Norden wenden, liegt vor Ihnen der Eingang zum **Schloss**. Es ist der Sitz der Grafen von Neipperg und auch heute noch im Privatbesitz der Familie. Bereits im 15. Jh. muss es hier eine Burg gegeben haben, die jedoch 1690 im Pfälzischen Erbfolgekrieg zerstört wurde. 1702 begannen die Herren von Neipperg mit dem Bau des heutigen Schlosses, das erst 1870 vollendet war. Durch einen Torbogen gelangen Sie in den Schlossinnenhof und können einen Blick auf die Außenanlagen werfen. Auffällig ist auch die Schlosskirche aus der Mitte des 19. Jh., die sich nahtlos an das Gemäuer fügt. Rechts vor dem Durchgang liegt leicht erhöht die **Stadtkirche**. Der Bau von Bernhard Sporer aus den Jahren 1514–1520 basiert auf der

Kirche von 1200. Besonders sehenswert im Inneren ist der Barbara-Altar von Jerg Ratgeb von 1510 in Form eines Triptychons. Das Nachbargebäude, das alte Rentamt, beherbergt heute ein Gasthaus mit bürgerlicher Küche, das man sich unbedingt für das Ende der Tour merken sollte. Es gehört zu den besten der Region. Genau auf der gegenüberliegenden Seite finden Sie das **Rathaus** von Theodor Moosbrugger. Es wurde zwar erst 1905 gebaut, fügt sich aber harmonisch in das Ensemble ein.

Stadtkirche ▸ Hexenturm

Wenden Sie sich nun nach Süden, überqueren Sie die Marktstraße und laufen rechts an der **Alten Stadtkelter** von 1659 vorbei, die nicht nur die Mediathek, sondern mit dem **Karl-Wagenplast**-Museum auch ein kleines heimatgeschichtliches Museum beherbergt. Dann gelangen Sie über eine kleine Gasse und die Torstraße zur **Stadtmauer**. Sie stammt aus dem 15. Jh. und ist teils noch erhalten. Die Fachwerkhäuser auf der Mauer sind späteren Datums. Folgen Sie der Mauer einige Meter nach rechts bis zum **Hexenhäuschen**, das auf der anderen Seite des Hindenburgplatzes steht. Ursprünglich handelte es sich um einen 1461 errichteten Wehrturm der Stadtmauer, der später auch

Hinter der Alten Kelter, einem Fachwerkbau aus dem Jahr 1659, erhebt sich das Rathaus (▶ S. 108) von Schwaigern, das 1905 entstand und Jugendstilelemente aufweist.

als Gefängnis genutzt wurde. Seinen Namen erhielt er von der als Hexe angeklagten Anna Maria Heinrich, die hier 1713 einsaß und letztlich verurteilt und verbrannt wurde.

Ebenfalls aus dem 15. Jh. stammt das **Wachthaus**, das erkerartig von der Stadtmauer einige Meter nördlich in den Schlossgarten hineinragt. Fast ein wenig verwunderlich scheint hier die Existenz des Hindenburgplatzes, zeichneten sich doch die mittelalterlichen Städte eher durch enge Gassen aus. In der Tat entstand dieser Freiraum nach den Großbränden von 1905 und 1928, die zahlreiche Fachwerkhäuser vernichteten.

Hexenturm ▶ Obelisk

Von hier aus sind es nur ein paar Meter zurück zum Schloss. Falls Sie ausreichend Zeit mitgebracht haben, folgen Sie der Gratstraße bergauf. Sie führt hinter dem Schlosspark entlang, der als privater Garten leider nicht zugänglich ist. Viele gut erhaltene Häuser aus der Zeit der Jahrhundertwende und dem frühen 20. Jh. säumen den Weg. Am Ende des Parks wenden Sie sich nach rechts in die Ratgebstraße und folgen ihr bis zum städtischen Kindergarten. Kurz davor finden Sie rechts einen **Obelisken**, den Graf Adam Adalbert von Neipperg 1815 zum Gedenken an seine früh verstorbene Frau errichten ließ. Über die nördlich davon verlaufende Kernerstraße gelangen Sie entlang einiger malerischer Bauernhöfe wieder zum Schloss.

INFORMATIONEN

Karl-Wagenplast-Museum (Heimatmuseum Schwaigern)
Kelterplatz 1 • Tel. 07138/7748 • einmal im Monat So 15–17 Uhr geöffnet, auf Anfrage teils auch andere Zeiten möglich • Eintritt frei

Wer im Herbst ins Heilbronner Land kommt, kann in den Weinbergen ein wahres Farbspektakel erleben. Dann färben sich die Blätter – wie hier am Staufenberg – in allen Nuancen von Gelb bis Rostrot.

Wissenswertes über
Heilbronn

Nützliche Informationen für einen gelungenen Aufenthalt: Fakten
über Land, Leute und Geschichte sowie Reisepraktisches von A bis Z.

Auf einen Blick

Mehr erfahren über Heilbronn – Informationen über Land und Leute, von der Geografie über Politik und Verwaltung bis hin zu Sprache und Wirtschaft.

Bevölkerung: 24 % Ausländer, 52 % Einwohner mit Zuwanderungsgeschichte

Einwohner: ca. 125 000

Fläche: 100 km², 530 ha Rebfläche

Internet: www.heilbronn.de

Religion: 38 % Protestanten, 24 % Katholiken

Verwaltung: Neun Stadtteile, darunter auch die einst selbstständigen Gemeinden Biberach, Böckingen, Frankenbach, Horkheim, Kirchhausen, Klingenberg, Neckargartach und Sontheim

Lage und Geografie

Die Stadt Heilbronn erstreckt sich im Heilbronner Becken und ist umgeben von den drei Naturräumen Neckarbecken, Kraichgau und den Schwäbisch-Fränkischen Waldbergen. Die nächstgelegenen Ballungsräume sind Stuttgart und der Rhein-Neckar-Raum mit Ludwigshafen, Mannheim und Heidelberg. Den höchsten Punkt des Stadtgebiets markiert der 378 m hohe Reisberg, gefolgt vom 372 m hohen Schweinsberg.

Bevölkerung

Heilbronn wächst seit vielen Jahren kontinuierlich. Zum einen durch die Gebietsreform, in den 1970er-Jahren wurden nach und nach die Orte Klingenberg, Kirchhausen, Biberach, Frankenbach und Horkheim eingemeindet. Zum anderen ist die Zahl

◄ Die Weinproduktion ist eine feste
Größe in der Heilbronner Wirtschaft.

der Studierenden in den letzten Jahren erheblich gestiegen. Nicht zuletzt ist der Zustrom der soliden wirtschaftlichen Lage geschuldet. Rund 52 % der Einwohner Heilbronns haben einen Migrationshintergrund.

Religion

Heilbronn ist seit der Reformation eine eindeutig protestantische Stadt, was jedoch nicht für alle eingemeindeten Ortsteile gilt. Die Stadtteile Biberach, Kirchhausen und Sontheim sind als ehemalige Deutschordens-Dörfer traditionell katholisch geprägt und blieben auch während der Reformation auf katholischer Seite. Rund 60 000 Bürger haben entweder keine oder eine nicht-christliche Religion.

Politik und Verwaltung

Heilbronn ist die zweitgrößte Stadt der Metropolregion Stuttgart in Baden-Württemberg und gehört zur Region Heilbronn-Franken. Stadtoberhaupt ist Oberbürgermeister Harry Mergel, ihm unterstehen sechs weitere Bürgermeister und ein Gemeinderat von derzeit 40 Mitgliedern. Die stärksten Fraktionen sind CDU (zwölf Mitglieder) und SPD (zehn Mitglieder), weitere vertretene Parteien sind die Freie Wählervereinigung (FWV), das Bündnis 90/Die Grünen und die FDP.

Sprache

Schwäbisch, Fränkisch und manchmal auch ein Hauch Badisch: Der Heilbronner Dialekt vereint die Eigenheiten der umgebenden Regionen, wird offiziell aber dem Fränkischen zugerechnet – auch wenn ihn

die meisten Heilbronner eher als dem Schwäbischen nahe empfinden. Sprecher des Hochdeutschen dürften keine Verständigungsprobleme haben, auch wenn einige lokale Ausdrücke anderenorts für Verwirrung sorgen können. So kann man sich in Heilbronn mit einem Teppich (Decke) zudecken und Gsälz (Marmelade) aufs Brot schmieren.

Wirtschaft

Bereits im Mittelalter war Heilbronn ein bedeutendes Wirtschaftszentrum, das seine Lage am Neckar gut zu nutzen wusste. Als freie Reichsstadt konnten die Bürger frei über den Fluss verfügen und damit das Stapelrecht durchsetzen. Das heißt, seine Bewohner hatten eine Art Vorkaufsrecht auf alle Waren, die hier umgeladen wurden. Dies änderte sich erst im Jahr 1806, als die Stadt Württemberg zugeschlagen wurde. Kein Wunder, dass sich Heilbronn als eine der ersten Städte Deutschlands die Industrialisierung zunutze machte und auch aus diesem Grund immer eine wohlhabende Siedlung blieb. Infolge der großen Zerstörungen im Zweiten Weltkrieg verlor die Stadt in der Nachkriegszeit erst einmal an Bedeutung, ist heute aber wieder ein Oberzentrum der Region Heilbronn-Franken und Sitz zahlreicher internationaler Unternehmen wie der Schwarz-Gruppe mit Lidl und Kaufland, Unilever mit Knorr, Friesland Campina, dem Sportwarenhersteller Intersport und den Südwestdeutschen Salzwerken. Das Bruttoinlandsprodukt beträgt 6,4 Mrd. € (2015). Ebenfalls bedeutend ist die Weinwirtschaft für Heilbronn, und der Binnenhafen der Stadt steht deutschlandweit an zehnter Stelle.

Geschichte

40 000 v. Chr.
Homo sapiens nachgewiesen.

5500 v. Chr.
Die ersten Bauern siedeln im Heilbronner Becken.

ca. 85 nach Chr.
Römer bauen das Kastell von Böckingen als Teil des Neckarlimes.

ab 300
Erste alemannische Siedlungen.

ab ca. 500
Die Franken dringen ins Heilbronner Land ein, rund um den fränkischen Königshof wächst eine Ortschaft.

741
Erste urkundliche Erwähnung der Stadt »Helibrunna«.

1146
Heilbronn wird befestigt.

1281
König Rudolf I. von Habsburg verleiht Heilbronn das Recht zur Selbstverwaltung und sieben Jahre später das Marktrecht.

1333
Kaiser Ludwig der Bayer gewährt der Stadt das Privileg, den Neckar nach Belieben zu nutzen. Wehre und Mühlen versperren bald den Fluss, die vorbeifahrenden Schiffe sind gezwungen, ihre Waren hier umzuladen. Heilbronn entwickelt sich zu einer wohlhabenden Stadt.

1371
Heilbronn wird Reichsstadt mit rund 5000 Einwohnern.

1525
Im Bauernkrieg lehnen sich die Bauern unter Jäklein Rorbach aus Böckingen gegen die Adligen auf. Der Aufstand wird blutig niedergeschlagen.

1530
Die Stadt wird offiziell durch Ratsbeschluss evangelisch.

1618–1648
Während des Dreißigjährigen Krieges wird die Stadt Heilbronn mehrfach geplündert und gebrandschatzt.

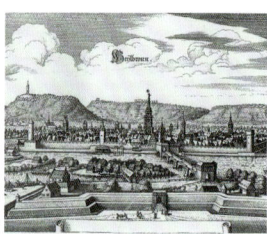

1802
Im Rahmen der napoleonischen Neuordnung wird Heilbronn dem Herzogtum Württemberg zugeschlagen. Mit dem Bau des Wilhelmskanals lässt König Wilhelm die Mühlen umgehen und macht 1821 den freien Schifffahrtsverkehr wieder möglich.

Ab 1850

Heilbronn wird zur zweitwichtigsten Industriestadt Württembergs. Unternehmen wie der Suppenhersteller Knorr, die Silberwarenfabrik Peter Bruckmann & Söhne und die Brauerei Cluss verhelfen der Stadt zu einer Wirtschaftsblüte.

1892

Heilbronn bekommt als erste Stadt der Welt eine Fernversorgung mit Strom.

1935

Durch die Kanalisierung des Neckars werden die Großschifffahrtsstraße Heilbronn–Mannheim und der Heilbronner Kanalhafen eröffnet, der gemeinsam mit den übrigen Heilbronner Häfen bis heute zu den zehn größten Binnenhäfen Deutschlands zählt.

1944

Das Konzentrationslager Neckargartach wird errichtet.

1944

Am 4. Dezember zerstört ein alliierter Fliegerangriff die Altstadt, mehr als 6500 Menschen verlieren ihr Leben. 62 % des gesamten Stadtgebiets liegen in Schutt und Asche.

1945

Nach zehntägigem Kampf besetzen US-Truppen am 12. April die Stadt.

1953

Bundespräsident Dr. Theodor Heuss weiht das wiederaufgebaute Rathaus ein. Insgesamt werden nach dem Krieg rund 1,75 Mio. m^3 Schutt weggeräumt.

1961

Heilbronn wird Standort einer Hochschule.

1970

Durch die Eingemeindung von Klingenberg wird Heilbronn zur Großstadt mit mehr als 100 000 Einwohnern.

1985

Auf dem Gelände der US-Armee auf der Waldheide kommt es fast zu einem nuklearen Zwischenfall mit Pershing-Raketen. Aus den Protesten der Bevölkerung entsteht letztlich die deutsche Friedensbewegung.

2005 und 2006

Heilbronn wird die erste UNICEF-Kinderstadt Deutschlands.

2019

Heilbronn richtet die Bundesgartenschau aus, die unter anderem zum ersten Mal eine Stadtausstellung umfasst.

Reisepraktisches von A–Z

ANREISE

MIT DEM AUTO

Heilbronn liegt an der Autobahnkreuzung der A 6 (E 50) Mannheim–Nürnberg und der A 81 (E 41), die nach Stuttgart führt. Auch die Bundesstraßen B 27, B 39 und B 293 führen durch Heilbronn.

MIT DER BAHN

Bisher ist Heilbronn noch nicht an das ICE-Streckennetz angeschlossen – obwohl es seit geraumer Zeit Pläne gibt, dies zu ändern – und daher vorerst nur per Regio, Interregio und S-Bahn zu erreichen. Nach Stuttgart und Schwäbisch Hall sind es rund 45 Minuten Fahrt, bis nach Würzburg und Mannheim sowie Heidelberg gut 80 Minuten. Per S-Bahn geht es bis nach Karlsruhe (S 4, ca. 100 Min.) und Öhringen (S 4, ca. 40 Min). Der Bahnhof befindet sich am westlichen Ende der Innenstadt.

MIT DEM FERNBUS

FlixBus steuert Heilbronn über Direktverbindungen aus zahlreichen Städten an, darunter München, Berlin, Stuttgart, Frankfurt, Leipzig und Dortmund.

MIT DEM FLUGZEUG

Die nächstgelegenen Flughäfen sind Stuttgart (70 km) und Frankfurt am Main (130 km). Wer die Region mit einem Charterflugzeug oder gar mit dem eigenen Flieger ansteuert, kann dies über den Adolf Würth Airport Schwäbisch Hall in 55 km Entfernung tun, auf dem hauptsächlich die Maschinen aus dem Dunstkreis von Schraubenmagnat Reinhold Würth unterwegs sind.

AUSKUNFT

IN DEUTSCHLAND, ÖSTERREICH UND DER SCHWEIZ

Deutsche Zentrale für Tourismus
www.germany.travel
– Mariahilfer Str. 54, 1070 Wien • Tel. 01/15 13 27 92
– Talstr. 62, 8001 Zürich • Tel. 0 44/2 13 22 00 92

IN HEILBRONN

Tourist-Information Heilbronn

E 4

Innenstadt • Kaiserstr. 17 • Tel. 56 22 70 • www.heilbronn-marketing.de • Mo–Fr 10–18, Sa 10–16 Uhr

BOOTSVERLEIH

Bei der Verleihstation von Neckarboot an der Neckarhalde gibt es Tretboote für vier Personen, Speedboote mit einem kleinen Benzinaußenbordmotor für zwei Personen und BBQ Donuts, also runde Grillboote, die bis zu neun Personen fassen. Südstadt • Neckarhalde 11 • Bus: Rosenberg • www.neckarboot.de • Mo–Fr 14–22, Sa–So 12–22 Uhr

BUCHTIPPS

Susanne Häberle: Weihnachtsgeschichten aus Heilbronn (Wartberg Verlag 2016) Die Autorin nimmt die Leser mit in das weihnachtliche Heilbronn unterschiedlichster Jahrzehnte und erzählt Geschichten aus dem winterlichen Alltag der Heilbronner Bürger.

Gunter Haug: Knorr. Die Päcklessuppen-Dynastie (edition.inspiration 2018). Ein sorgfältig recherchierter, kurzweiliger Tatsachenroman über die Familie Knorr und ihr Tütensuppenimperium. Ein Buch über

Erfolge und Rückschläge, über familiäre Tragödien und das Sich-wieder-aufrappeln.

Françoise Hauser: 111 Orte im Heilbronner Land, die man gesehen haben muss (Emons Verlag 2016) In diesem »Reiseführer« geht es nicht um die wichtigsten Sehenswürdigkeiten, sondern die übersehenen Details und schräge Hintergründe.

Heinrich von Kleist: Das Käthchen von Heilbronn (Reclam Verlag 2012) Das Ritterspiel um das Käthchen ist quasi Pflichtlektüre, begegnet man der Figur doch allerorts in der Stadt. Für jüngere Besucher gibt es sogar eine Kinderversion im Kindermann Verlag.

Reinhold Weber, Hans-Georg Wehling: Geschichte Baden-Württembergs (C. H. Beck 2012) Ein komprimierter Rundumschlag über das fusionierte Bundesland. Heilbronn, die ehemalige Reichsstadt, war wegen ihrer Grenzlage zu Hessen und Franken mal Akteur, mal Spielball in diesem Spannungsfeld rivalisierender Mächte und Interessen. Gut so ein Bändchen zu haben, dss etwas Licht in das historische Dickicht bringt.

FEIERTAGE

1. Jan. Neujahr
6. Jan. Heilige Drei Könige
Karfreitag
Ostersonntag
Ostermontag
1. Mai Tag der Arbeit
Christi Himmelfahrt
Pfingstsonntag
Pfingstmontag
Fronleichnam
3. Okt. Tag der Deutschen Einheit
1. Nov. Allerheiligen
25./26. Dez. 1./2. Weihnachtsfeiertag

FESTE UND EVENTS

FEBRUAR

Fasching

Das Heilbronner Land ist eine echte Faschingshochburg. Neben den Umzügen in der Stadt selbst ist vor allem der Bad Wimpfener Nachtumzug sehenswert. Auch in den umliegenden Dörfern gibt es zahlreiche Veranstaltungen, teilweise schon mehrere Wochen vor dem Rosenmontag. Aktuelle Termine findet man auf den Seiten der »Heilbronner Stimme« unter https://meine.stimme.de.
Ende Februar/Anfang März

Pferdemarkt   🗺 F 4

Der dreitägige Markt rund um Harmonie und Friedensplatz mit seinen 400 Ständen, Marktschreiern und Jahrmarktsattraktionen kann auf eine lange Tradition zurückblicken: 1770 wurde er zum ersten Mal ausgetragen und war damals eine reine Pferdeschau mit Prämierung. Mittlerweile ist der Händlermarkt eine mindestens genauso große Attraktion, die Pferdeprämierung gibt es allerdings noch immer. Sie findet am Wochenende in den Anlagen des Reitervereins Heilbronn am Trappensee statt. Montags steht traditionell der Pferdeverkauf auf dem Plan.
Ende Februar, Sa, So 11–19, Mo 10–18 Uhr • Innenstadt • S-Bahn: Harmonie • www.heilbronner-pferdemarkt.de

MÄRZ

Lichterzauber mit Nightshopping

Am ersten Samstag im März können Gäste am ersten Nightshopping des Jahres teilnehmen. Beim Lichterzauber wird mit Lichteffekten, Feuerkünstlern und Aktionen rund um das Thema Illumination die gesamte Stadt in Szene gesetzt. Die Heilbron-

ner Geschäfte haben derweil bis 22 Uhr geöffnet. Auch in den Kirchen wird ein besinnliches, speziell beleuchtetes Programm organisiert.
1. Sa im März bis 22 Uhr • Innenstadt

Winter-Motocross in Frankenbach
Das Motocross-Rennen auf dem Gelände in Frankenbach gehört zu den ganz großen Rennveranstaltungen in Deutschland. Vor bis zu 8000 Zuschauern starten dann Hunderte von Fahrern, immer hautnah am Zuschauer, spannende Sprünge inklusive. Selbst Laien und Motorsport-Banausen werden bei dieser Show den Atem anhalten.
2. März-Wochenende, So ab 9 Uhr • Frankenbach • MCC-Frankenbach e.V., Leintalstr. 99 • Bus: Leintalstraße (dann 15 Min. Fußweg) • www.mccfrankenbach.de • Eintritt 13 €, Jugendliche 9 €, Kinder bis 12 J. frei

APRIL
Käthchen-Wahl
So wie ein Weindorf eine Weinkönigin braucht, spielt das Käthchen für Heilbronn eine große Rolle. Seit 1970 werden daher alle zwei Jahre (zuletzt 2018) drei Käthchen gewählt, die sich die repräsentativen Aufgaben teilen, wie die Weindorf-Eröffnung oder den Start des Trollinger Marathons.
Mitte April, nächster Termin 2020 • www.heilbronn-marketing.de

MAI
Trollinger-Marathon
Mit Tausenden Teilnehmern ist der Trollinger Marathon einer der großen Laufveranstaltungen Deutschlands. Ab Heilbronn führt die Strecke via Flein über den Haigern bei Talheim, Lauffen, Meimsheim, Hausen

und Dürrenzimmern und Neipperg. Via Nordhausen und Nordheim geht es zurück nach Heilbronn. Der Name ist übrigens Programm, denn jeder Teilnehmer bekommt eine Flasche Trollinger geschenkt, und an den Verpflegungsstellen wird ebenfalls Wein ausgeschenkt – Teilnehmer mit schlechten Zeiten könnten sich quasi das Ergebnis schönsaufen, wobei das Resultat allzu oft in direktem Zusammenhang mit dem Wein bei den Streckenposten zusammenhängt.
Unterland • Start Badstraße, Heilbronn, Ziel Frankenstation • www.trollinger-marathon.de

Böckinger Seefest
Vier Abende lang Livemusik im Freien, teils mit lokalen, teils mit etablierten Bands, dazwischen Comedy und andere Showeinlagen. Das Fest auf dem Gelände des früheren Böckinger Sees ist definitiv ein Sommer-Highlight, das bis zu 10 000 Zuschauer pro Abend anlockt. Nach dem Ende der Livevorführungen gegen Mitternacht wird in den umliegenden Clubs – vor allem beim Organisator »Gartenlaube Heilbronn« – die Nacht zum Tage gemacht. Am ersten Abend ist ein Eröffnungsfeuerwerk zu bestaunen. 2019 findet das Fest vom 19. bis 22. Juni statt, die Termine variieren jedoch.
Böckingen • Viehweide • www.seefest-heilbronn.de • Musikprogramm ab 18 Uhr • Eintritt frei

Klassik Open Air
Drei Tage Shopping mit klassischen Einlagen: Überall in der Innenstadt stehen Anfang Juni von Donnerstag bis Samstag kostenlose Open-Air-Klassikkonzerte verschiedener Ensembles wie dem Württembergischen

Kammerorchester, dem Heilbronner Sinfonieorchester oder der Städtischen Musikschule Heilbronn auf dem Programm. Dem nächsten Klassik Open Air kann man vom 11. bis 13. Juli 2019 beiwohnen.

Innenstadt • alle großen Plätze • www.heilbronn-marketing.de • während der Geschäftsöffnungszeiten

JUNI

Black Sheep Festival

Das Musikfestival findet an drei Tagen am Schloss von Bonfeld statt und lockt mit hochkarätiger Besetzung. In den letzten Jahren waren z. B. Nazareth, Saga, David Knopfler, The Hooters, Bob Geldof, Manfred Mann's Earthband, New Model Army, Uriah Heep und Mothers Finest vertreten.

Do–Sa am letzten Juniwochenende • Bonfeld • www.blacksheep-kultur.de

JULI

Heilbronner Volksfest   C 4

Ende Juli bis Anfang August verwandelt sich die Theresienwiese in ein buntes Durcheinander aus Fahrgeschäften, Buden und Festzelten. Rund 100 Attraktionen stehen den Besuchern zur Auswahl, dazu das Festzelt mit 3000 Plätzen des Ausrichters »Göckelesmaier« samt Bühnen- und Partyprogramm.

Theresienwiese • Karlsruher Straße • http://www.goeckelesmaier.de/heil bronner-volksfest

Volksbank Open-Air-Kino- Heilbronn   nördl. H 1

An 20 Tagen von Ende Juli bis Mitte August werden täglich deutsche und internationale Filme auf der 128 m^2 großen Leinwand in der Heilbronner Genossenschaftskellerei vor der Kulisse der Weinberge gezeigt. 1500 Zuschauer finden im größten Freiluft-Kinosaal des Unterlandes Platz. Da das Event sich sehr großer Beliebtheit erfreut, lohnt es sich, den Kartenvorverkauf in der Tourist-Information Heilbronn zu nutzen.

Genossenschaftskellerei Heilbronn-Erlenbach-Weinsberg e.G. • Wartberg • Binswanger Str. 150 • www. open-air-kino-heilbronn.de • Filmstart bei Einbruch der Dunkelheit gegen 21.15, Weingarten der Genossenschaft ab 19 Uhr • Eintritt 10 €, Schüler und Studenten 9 €

SEPTEMBER

Haigern Live

Das viertägige Benefiz-Open-Air-Musikfestival findet immer am letzten Wochenende vor den baden-württembergischen Sommerferien auf dem Haigern bei Talheim statt. Haigern Live hat sich in den letzten Jahren zum größten Open-Air-Festival in der Region Heilbronn entwickelt. 2016 zog das Festival mehr als 34 000 Besucher an.

Letztes Wochenende vor den Sommerferien • Talheim • Haigernstr. 3 • www.haigernlive.de • Shuttlebus • Abendkasse 5 €

Weindorf   E 4

Elf Tage lang stellen rund 200 Winzer der Region auf dem Marktplatz ihre Produkte vor, ein passendes Unterhaltungsprogramm und kulinarische Angebote gehören natürlich auch dazu. Gekostet wird in Zehntele-Gläsern, damit der Weinkenner nicht nach dem zweiten Glas ins Schwanken kommt. Für die meisten Heilbronner ist das Weindorf ein Höhepunkt des Jahres, entsprechend gut besucht ist das Event. Für die An- und Heimreise gibt es

einen speziellen Weindorf-Busfahr-plan, der in der Tourist-Info ausliegt.
Anfang–Mitte Sept. • Innenstadt • Rathausplatz • S-Bahn: Rathaus • http://heilbronner-weindorf.de

Weinlesefest   G/H 1

Ähnlich weinselig ist auch das Weinlesefest am Wartberg: Zur Feier der Weinlese wird erst einmal angestoßen, diesmal auf den Weinterrassen am Wartberg. Schon der Ausblick über die Stadt, mit einem Glas Wein in der Hand, ist den Weg dahin wert!
Sa Ende Sept. ab 15 Uhr • Wartberg • Hochbehälter am Wein Panorama Weg unterhalb des Höhenrestaurants Wartberg

OKTOBER
Lange Nacht der Kultur

Zwischen 17 und 24 Uhr präsentieren sich mehr als 30 Institutionen, Galerien und andere kulturelle Orte im Zentrum der Stadt mit einem besonderen Programm. Danach geht es zur After-Party. Die genauen Programmpunkte und Veranstaltungsorte kann man ab September auf der Webseite www.heilbronn.de/kulturfreizeit/kultureinrichtungen-und-angebote/lange-nacht-der-kultur.html herunterladen.
Anfang Okt.

DEZEMBER
Weihnachtsmarkt   E 4

Von Ende November bis zum 22. Dezember weht der Glühweinduft durch die Stadt Heilbronn. Rund 100 Händler laden dann Gäste zu einem gemütlichen Weihnachtsmarkt in der Fußgängerzone.
27. Nov.–22. Dez. tgl. 11–20 Uhr • Innenstadt • Sülmer Straße, Rathausplatz, Kiliansplatz, Fleiner Straße

LINKS UND APPS
www.heilbronn.de

Auf der offiziellen Webseite der Stadt gibt es nicht nur praktische Tipps zu diversen Verwaltungen, sondern auch viele Hintergrundinfos.

www.heilbronn-tourist.de

Die Webseiten der Heilbronn Marketing und der Tourist-Information führen so ziemlich alle Infos, die der Besucher braucht, von buchbaren Hotels und Ferienwohnungen in Heilbronn bis zu Veranstaltungsinfos und Eintrittskarten.

www.mein-heilbronn.org

Eigentlich richtet sich diese Seite zur Stadtgeschichte an Kinder und Jugendliche, aber auch Erwachsene finden hier viele Hintergrundinformationen zur Stadt.

www.moritz.de

Das Veranstaltungsmagazin für den Raum Stuttgart und Heilbronn listet so ziemlich alles auf, was Zuschauer oder Mitmacher locken könnte. Wer nicht weiß wohin, findet hier garantiert eine interessante Veranstaltung.

MEDIZINISCHE VERSORGUNG
KRANKENHAUS
SLK-Klinikum am Gesundbrunnen
 B 2

Neckargartach • Am Gesundbrunnen 20 • Bus: Gesundbrunnen • Tel. 49 30 71

APOTHEKEN

Apotheken sind meist von 9–18 Uhr geöffnet, die Adresse der aktuellen Notapotheke entnimmt man der Webseite der Landesapothekerkammer Baden-Württemberg unter www.lak-bw.de/notdienstportal.

NEBENKOSTEN

1 Tasse Kaffee . . . . 2,50 €
1 Glas Bier . . . . 2,50 €
1 Glas Cola . . . . 2,50 €
1 Zehntel Wein . . . . 2 €
1 Brezel . . . . 1 €
1 Liter Benzin . . . . 1,45 €
Mietwagen/Tag . . . . ab 60 €

NOTRUF

Euronotruf: Tel. 112
(Polizei, Feuerwehr, Rettungsdienst)

POST

Eine Postkarte in die Schweiz und
nach Österreich kostet 0,80 €.

REISEDOKUMENTE

Reisende aus Österreich und der
Schweiz können mit einem gültigen
Reisepass oder einem Personalaus-
weis (Identitätskarte) einreisen.
Kindereinträge im Reisepass der El-
tern sind nicht mehr gültig. Jedes
Kind braucht inzwischen ein eigenes
Ausweisdokument.

REISEZEIT

Heilbronn ist rund ums Jahr als Rei-
seziel geeignet, besonders schön und
bunt zeigt sich die Natur im Früh-
herbst, wenn sich das Weinlaub rot
und gelb färbt und neuer Wein ausgeschenkt wird – unter Umständen
mit Zwiebelkuchen.

SCHIFFFAHRT

AUSFLUGSBOOTE

Ab Heilbronn gibt es zwischen Ostern und Oktober viele Ausflugs-
schifffahrten. Die klassische Rund-
tour ist die zweistündige Rundfahrt
durch den Hafen Heilbronn. Neckar-
abwärts geht es außerdem in Richtung Bad Wimpfen, Gundelsheim
und Neckarzimmern, flussaufwärts
bis nach Besigheim. Fahrpläne findet
man bei Personenschifffahrt Stumpf
GmbH + Co. KG (Tel. 8 54 30, www.
schifftours-heilbronn.de).

BOOTSVERLEIH

Wer mit dem Tretboot, einem kleinen, schnittigen Spaß-Motorboot
oder im Party-BBQ Donut über den
Neckar schippern will, kann in der
Neckarhalde sich das Gefährt seiner
Wahl mieten (Neckarboot, Neckarhalde 11, Tel. 0 70 62/9 14 98 26,
www.neckarboot-heilbronn.de, Mo–
Fr 14–22, Sa, So 12–22 Uhr).

STADTFÜHRUNGEN

Die Stadt Heilbronn bietet eine
große Vielfalt an Stadtführungen an,
darunter auch viele originale Angebote wie per Segway durch die Weinberge, die Stadtführung per Kanu
oder die Vollmondrundfahrt mit
dem Hop-On-Hop-Off-Bus bis zum
Wartberg mit Weinverkostung. Die

Klima (Mittelwerte)	JAN	FEB	MÄR	APR	MAI	JUN	JUL	AUG	SEP	OKT	NOV	DEZ
Tages-temperatur	3	6	11	16	20	23	24	24	21	15	9	5
Nacht-temperatur	-2	-1	2	5	9	12	14	13	10	6	2	0
Sonnen-stunden	2	3	5	6	7	7	8	7	6	4	2	2
Regentage pro Monat	16	13	12	14	14	15	15	14	14	12	15	13

genauen Daten sind unter der Webseite der Tourist-Info unter www.heilbronn-tourist.de abrufbar.

Eine weitere Variante ist die Fahrt mit dem roten Doppeldeckerbus, die als Hop-On-Hop-Off-Fahrt mit Erläuterungen per Kopfhörer konzipiert ist und am Ibis-Hotel am Neckarturm startet. Man kann, muss aber nicht unterwegs aussteigen. Die Tickets sind 24 Stunden gültig und kosten 15 € für Erwachsene. Pro Erwachsenem sind zwei Kinder (4–14 Jahre) frei, jedes weitere Kind kostet 8 €. Die genaue Route und weitere Infos gibt es unter www.cityfahrten.de/index.php/de/stadtrundfahrt-heilbronn.

TELEFON

VORWAHLEN

A, CH ▶ Deutschland 00 49
Deutschland ▶ A 00 43
Deutschland ▶ CH 00 41
Heilbronn 0 71 31, **Stadtteile Biberach und Kirchhausen** 0 70 66

TIERE

Hunde und Katzen benötigen bei der Einreise aus Österreich oder der Schweiz einen EU-Heimtierausweis (stellt der Tierarzt aus) mit Nachweis einer Tollwutimpfung.

VERKEHR

AUTO

6730 Parkplätze gibt es in der Heilbronner Innenstadt, davon 3730 in den acht Parkhäusern rund um die Innenstadt. Ein Parkleitsystem an den Einfallstraßen zeigt, wo noch Plätze frei sind. Für Menschen mit Behinderung wurden 52 Schwerbehindertenparkplätze im Zentrum eingerichtet. Ab einem Einkauf von 12,50 € erhalten die Kunden in vielen Geschäften eine sogenannte SPark-

münze als Zuschuss zu den Parkgebühren oder dem Busticket im Wert von 50 Cent. Diese Münzen sind in allen Heilbronner Parkhäusern, an den meisten Parkscheinautomaten und in den Stadtbussen gültig.

In der Regel betragen die Stundentarife in den Parkhäusern zwischen 1 € und 1,50 €, auf den öffentlichen Parkplätzen werktags von 8 bis 18 Uhr zwischen 50 Cent je angefangene 20 Minuten und 10 Cent je angefangene 30 Minuten.

Wer mit dem Wohnmobil nicht mehr als drei Nächte in Heilbronn verbringen möchte, kann auf dem kostenfreien Stellplatz am Wertwiesenpark campieren (Neckarhalde 23).

FAHRRAD

Die Gegend rund um Heilbronn lässt sich hervorragend mit dem Fahrrad erkunden. Wem die Weinberge zu steil sind, der kann sich auch auf ein E-Bike schwingen. Zu leihen gibt die in Bad Wimpfen bei der Agentur Lauter Bikes. Dort werden auch geführte Touren angeboten, und für die BUGA wird ein spezielles Programm gestrickt (Rappenauer Str. 1, Bad Wimpfen, Tel. 0 70 63/2 67 97 55, www.lauterbikes.de).

ÖFFENTLICHE VERKEHRSMITTEL

Die Busse und Bahnen der Stadt werden von den Verkehrsbetrieben Heilbronn unterhalten, die wiederum zum Heilbronner-Hohenloher-Haller Nahverkehr gehören. Infos zu Verbindungen und Abfahrtszeiten gibt es online unter www.h3nv.de. Das Bus- und S-Bahn-Netz (in der Region meist als Stadtbahn bezeichnet) ist dicht, sodass sich die Region meist sehr gut mit öffentlichen Verkehrsmitteln entdecken lässt.

Innerhalb der Stadt gibt es folgende Fahrscheine: Kurzstrecke für bis zu vier Stationen 1,50 €, Normalfahrschein für Fahrten innerhalb Heilbronns 2,40 €, Tagesticket 4,80 €, Fahrscheine sind 60 Minuten gültig, das Tagesticket gilt bis Betriebsschluss. Tickets für Ausflüge außerhalb des Stadtgebiets können ebenfalls am Automaten gelöst werden.

P+R-PARKPLÄTZE

Außerhalb der Innenstadt befinden sich insgesamt fünf Park + Ride-Parkplätze mit einer Kapazität für ungefähr 2000 Autos, von denen aus die Innenstadt mit den öffentlichen Verkehrsmitteln schnell zu erreichen ist: die Theresienwiese mit 1000 Plätzen, der Parkplatz Theresienstraße/Stadion mit Platz für 500 Autos, die Karlsruher Straße mit 100 und die Hafenstraße mit 180 Plätzen. Am Gesundbrunnen können weitere 220 Autos parken.

TAXI

Wie im restlichen Bundesgebiet sind Taxis auch in Heilbronn meist cremefarben gehalten. In der Stadt findet man unter anderem an der Harmonie, neben dem K3 und am Hauptbahnhof Taxistände.

Allerdings gibt es keine Taxizentrale, die für alle Heilbronner Taxiunternehmen zuständig ist. Unter der Nummer 5 85 55, www.taxiheilbronn.de (auch Online-Bestellung) sind jedoch gut die Hälfte aller Taxis vereint, weitere 14 Unternehmen präsentieren sich unter Taxi Heilbronn-Unterland GmbH 4 44 44, www.taxi-unterland.de.

Weitere Taxiunternehmen sind: Taxi Ruf GmbH Heilbronn (88 77 66, www.heilbronn-taxi.de) und Taxi-

Ruf Heilbronn GmbH (2 05 99 68, www.heilbronn-taxi.de).

Der Grundpreis für Heilbronn beträgt 3,20 €, jeder weitere Kilometer bis 3 km kostet 2,50 €, ab 3 km fallen 1,80 €/km an. Die Anfahrt zum Bestellort wird nicht berechnet.

ZEITUNGEN UND ZEITSCHRIFTEN

Die »Heilbronner Stimme« (www.stimme.de) ist nicht nur die größte Tageszeitung der Region, sie ist auch die einzige und erscheint mit sechs Lokalausgaben und einer verkauften Auflage von rund 80 000 Exemplaren. Des Weiteren liegt in vielen Geschäften der Stadt das kostenlose Veranstaltungsmagazin »Moritz« aus. Das Stadtmagazin »Hanix« mit seinen Reportagen, Features und Hintergründen ist ebenfalls ein fester Teil der Medienlandschaft. Wer es nicht gratis in einem der vielen Geschäfte findet, liest die Online-Version unter www.hanix-magazin.de.

ZOLL

Reisende aus Österreich dürfen Waren abgabefrei mit nach Hause nehmen, wenn diese für den privaten Gebrauch bestimmt sind und folgende Richtmengen nicht überschreiten: 800 Zigaretten, 90 l Wein, 10 kg Kaffee. Weitere Auskünfte erhält man im Internet unter www.zoll.de und www.bmf.gv.at/zoll.

Reisende aus der Schweiz dürfen Waren im Wert von 300 SFr abgabefrei mit nach Hause nehmen, wenn diese für den privaten Gebrauch bestimmt sind. Tabakwaren und Alkohol fallen nicht unter diese Wertgrenze und sind nur in bestimmten Mengen abgabefrei (z. B. 200 Zigaretten oder 2 l Wein). Weitere Auskünfte unter www.zoll.ch.

Orts- und Sachregister

Wird ein Begriff mehrfach aufgeführt, verweist die **halbfett** gedruckte Zahl auf die Hauptnennung. Abkürzungen: Hotel [H], Restaurant [R]

Fachwerkstadt
MOSBACH

© Kotta

Mosbach liegt nicht nur idyllisch - an den südlichen Ausläufern des Odenwaldes im romantischen Neckartal - Mosbach hat touristisch wie kulturell eine Menge zu bieten.

Der historische Marktplatz, umrahmt von prächtigen Fachwerkbauten, wie zum Beispiel dem Palm'schen Haus, ist wohl einer der schönsten in ganz Süddeutschland.

In den einladenden Straßen und Gassen der fast mediterran anmutenden Fußgängerzone, lässt sich ein gemütlicher Shoppingbummel ebenso genießen, wie der Besuch in einem der schönen Altstadtcafés.

Neben den regulären Altstadtführungen am Mittwoch und Samstag von Mai bis September, bieten die monatlichen Erlebnismärkte ebenfalls eine ganz besonders reizvolle Gelegenheit, in der historischen Altstadt auf Entdeckungsreise zu gehen.

Liebe Leserinnen und Leser,
vielen Dank, dass Sie sich für einen Titel aus unserer Reihe MERIAN *live!* entschieden haben. Wir freuen uns, Ihre Meinung zu diesem Reiseführer zu erfahren. Bitte schreiben Sie uns an merian@graefe-und-unzer.de, wenn Sie Berichtigungen und Ergänzungen haben – und natürlich auch, wenn Ihnen etwas ganz besonders gefällt.
Alle Angaben in diesem Reiseführer sind gewissenhaft geprüft. Preise, Öffnungszeiten usw. können sich aber schnell ändern. Für eventuelle Fehler übernimmt der Verlag keine Haftung.

© 2019 GRÄFE UND UNZER VERLAG GmbH, München
MERIAN ist eine eingetragene Marke der GANSKE VERLAGSGRUPPE.

1. Auflage 2019

Alle Rechte vorbehalten. Nachdruck, auch auszugsweise, sowie die Verbreitung durch Film, Funk, Fernsehen und Internet, durch fotomechanische Wiedergabe, Tonträger und Datenverarbeitungssysteme jeglicher Art nur mit schriftlicher Genehmigung des Verlages.

BEI INTERESSE AN DIGITALEN DATEN AUS DER MERIAN-KARTOGRAPHIE:
kartographie@graefe-und-unzer.de

BEI INTERESSE AN MASSGESCHNEI-DERTEN B2B-EDITIONEN:
gabriella.hoffmann@graefe-und-unzer.de

BEI INTERESSE AN ANZEIGEN:
KV Kommunalverlag GmbH & Co KG
Tel. 0 89/9 28 09 60
info@kommunal-verlag.de

GRÄFE UND UNZER VERLAG
Postfach 86 03 66
81630 München
www.merian.de
LESERSERVICE
merian@graefe-und-unzer.de
Tel. 00800/72 37 33 33*
Mo–Do: 9.00 – 17.00 Uhr
Fr: 9.00 – 16.00 Uhr
(*gebührenfrei in D, A, CH)
REDAKTION
Wilhelm Klemm
LEKTORAT UND SATZ
Ewald Tange, tangemedia, München
BILDREDAKTION
Nora Goth
HERSTELLUNG
Renate Hutt
REIHENGESTALTUNG
La Voilà, Marion Blomeyer & Alexandra Rusitschka, München und Leipzig
Independent Medien Design, Horst Moser, München
KARTEN
Kunth Verlag GmbH & Co. KG für MERIAN-Kartographie
DRUCK UND BINDUNG
Printer Trento, Italien

Ein Unternehmen der
GANSKE VERLAGSGRUPPE

PEFC/18-31-506

BILDNACHWEIS
Titelbild (Marra-Haus), HMG: R. Schweizer
AdobeStock: E. Spaeth 109, 115r, gudkovandrey 49 • Berglounge Geuchelberger Warte: 31 • Biergarten Trappensee: 14 • Club Kaiser Skybar & Sushi Lounge: 42 • dpa Picture-Alliance: S. Gollnow 112 • gemeinfrei: 114l, 114r, 115l • Getty Images: D. Delimont/Gallo Images 105 • HMG: R. Schweizer 2, J.Blumhardt/Genossenschaftskellerei 36, H. Eisenmenger 72, J. Häffner 96, U. Kühnle 32, 66, A. Mende 58, 65, 75, R. Schweizer 6, 7o, 7m, 7u, 11, 13, 16, 17, 18_19, 39, 45, 54_55, 56, 61, 62, 69, 71, 76, 79, 95, 110_111, T. Wagner/gbk- Gütegemeinschaft Buskomfort e.V. 9, 80 • Hotel TraumRaum 23 • HUBER IMAGES: R. Schmid 4 • Kaffeebucht/ U. Kühnle 27 • M. Keicher: 15 • F. Kleinbach: 84 • Piano Wine Bar: Roth Alin Claudiu: 40 • Pier 58: 24, 28 • Sauerbruch Hutton Architekten, Berlin: 90 • Seifen Reinhardt: 34 • shutterstock: LaMiaFotografia 102, 107, Neja Hrovat 92_93, nnattalli 33, travelview 89 • D. Strauß: 86 • Theater RADELRUTSCH: R. Sattar 46 • Tripsdrill: 52 • Wo der Hahn Kräht: 20